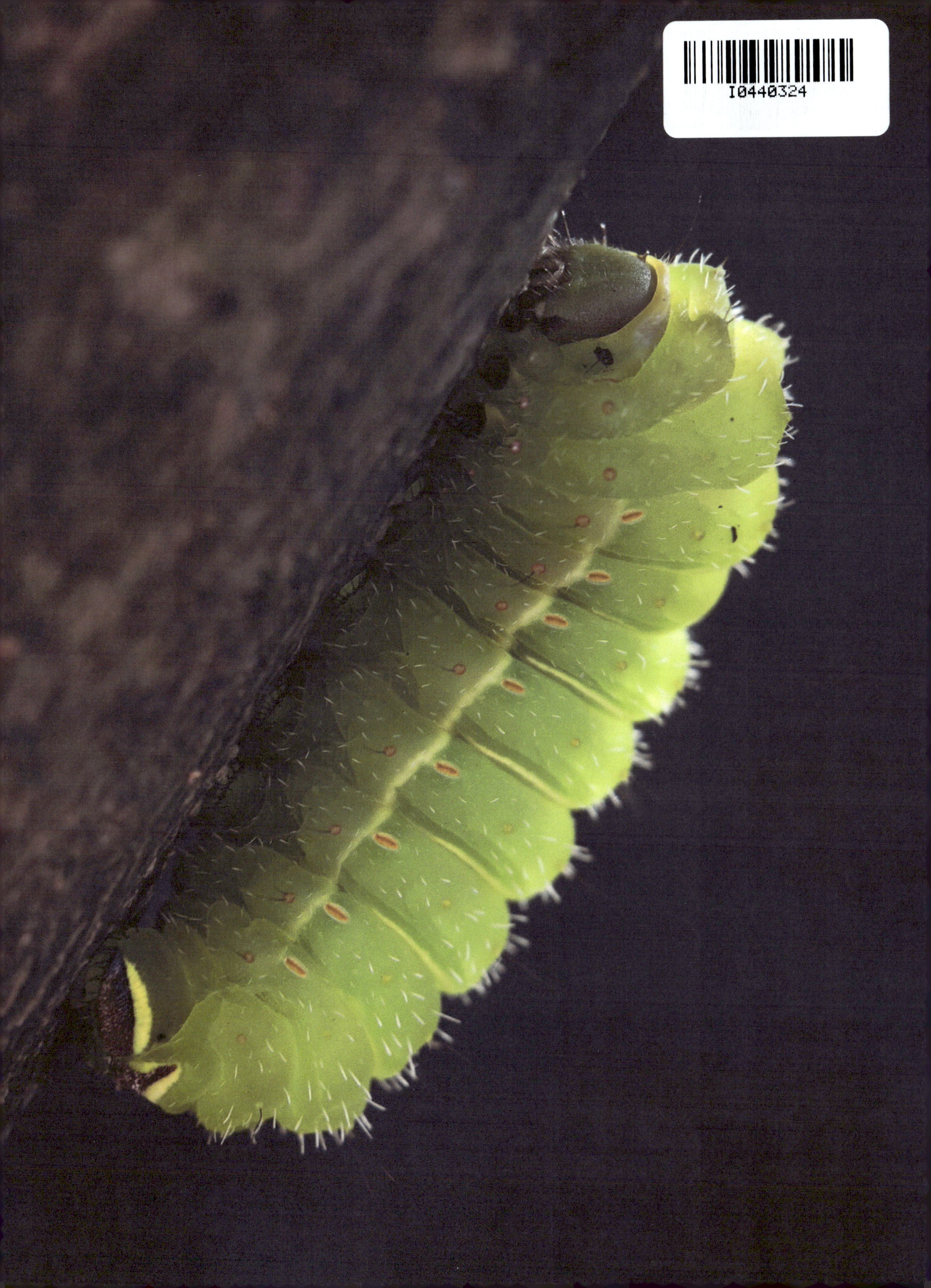

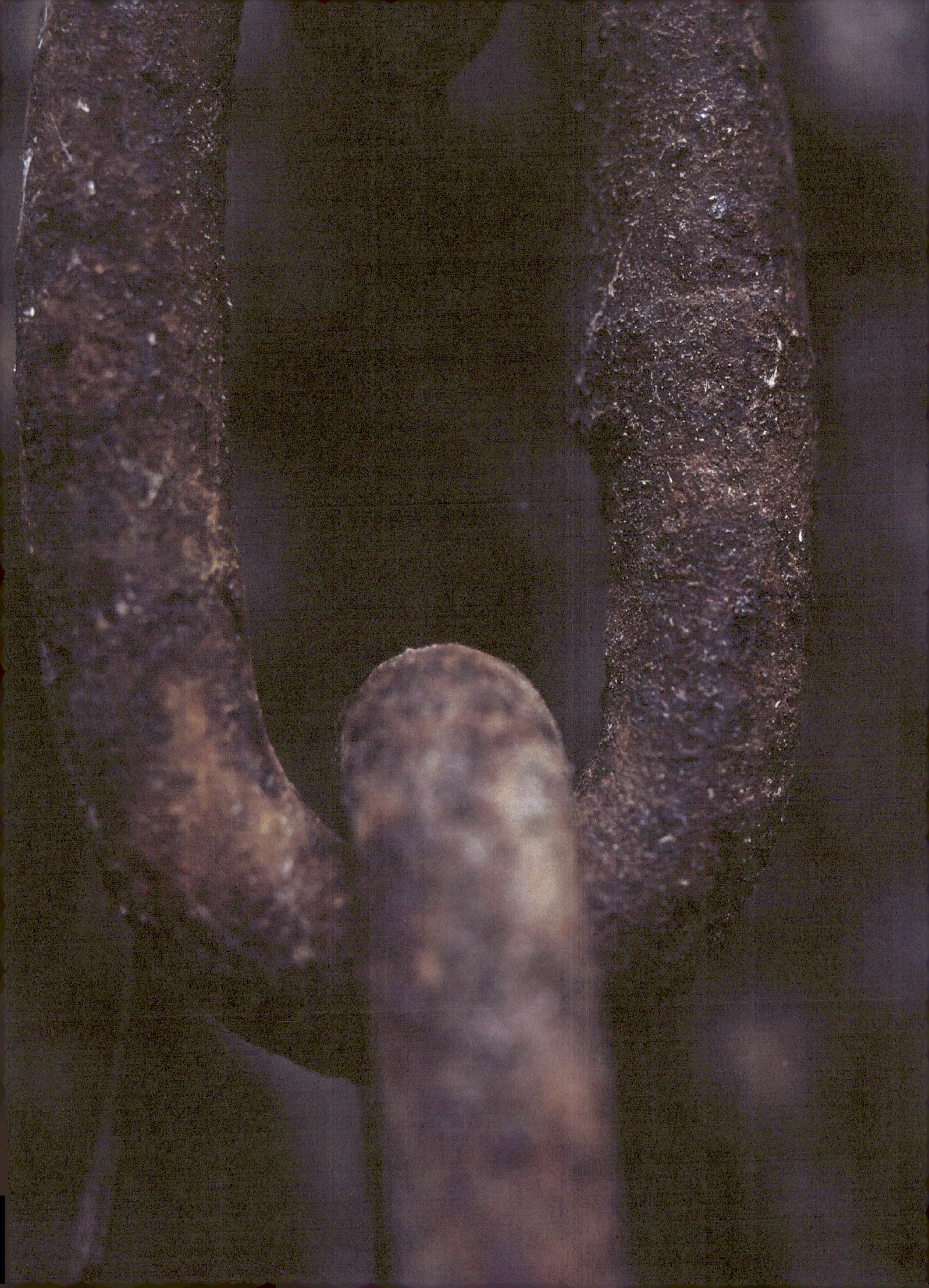

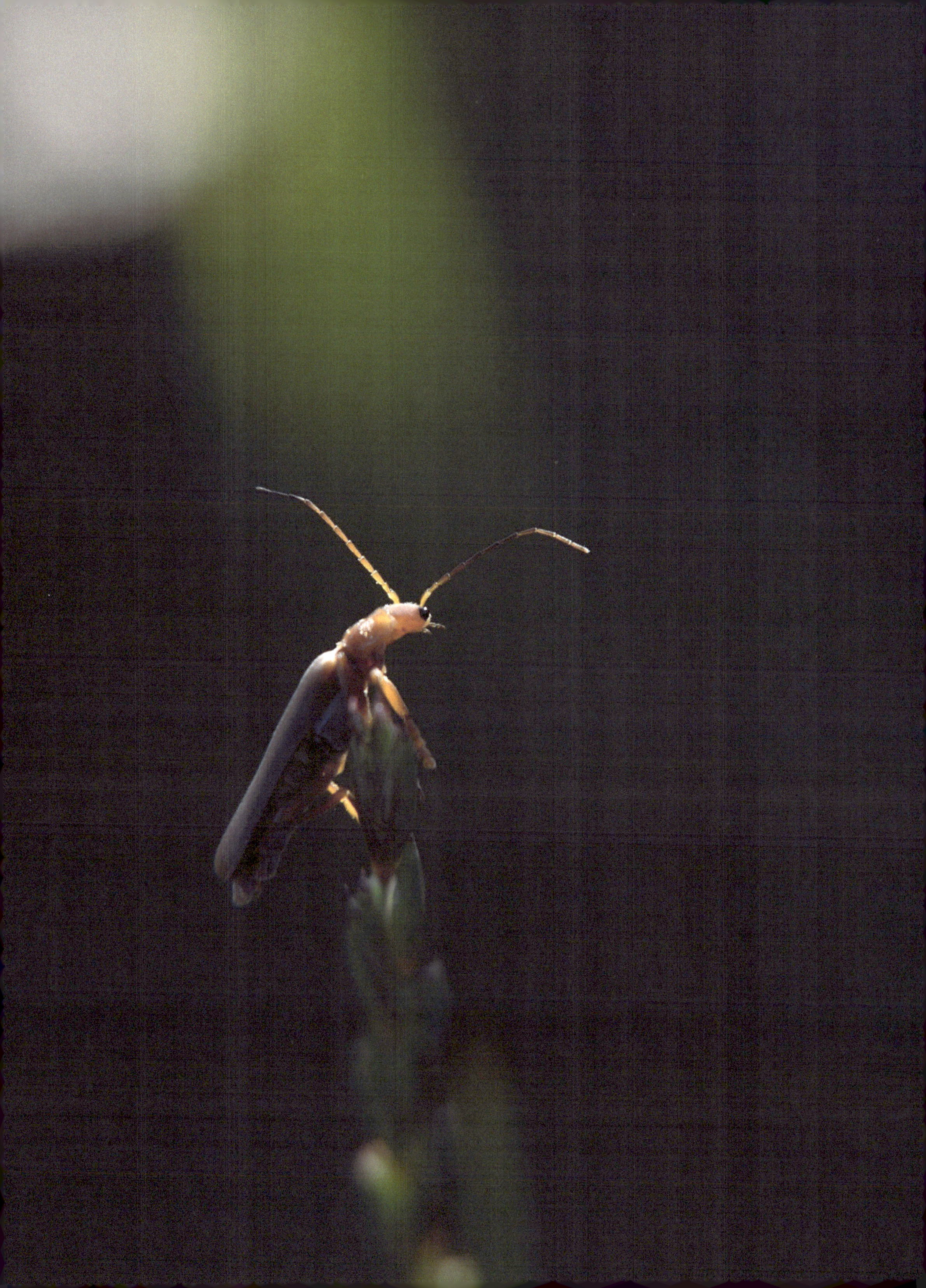

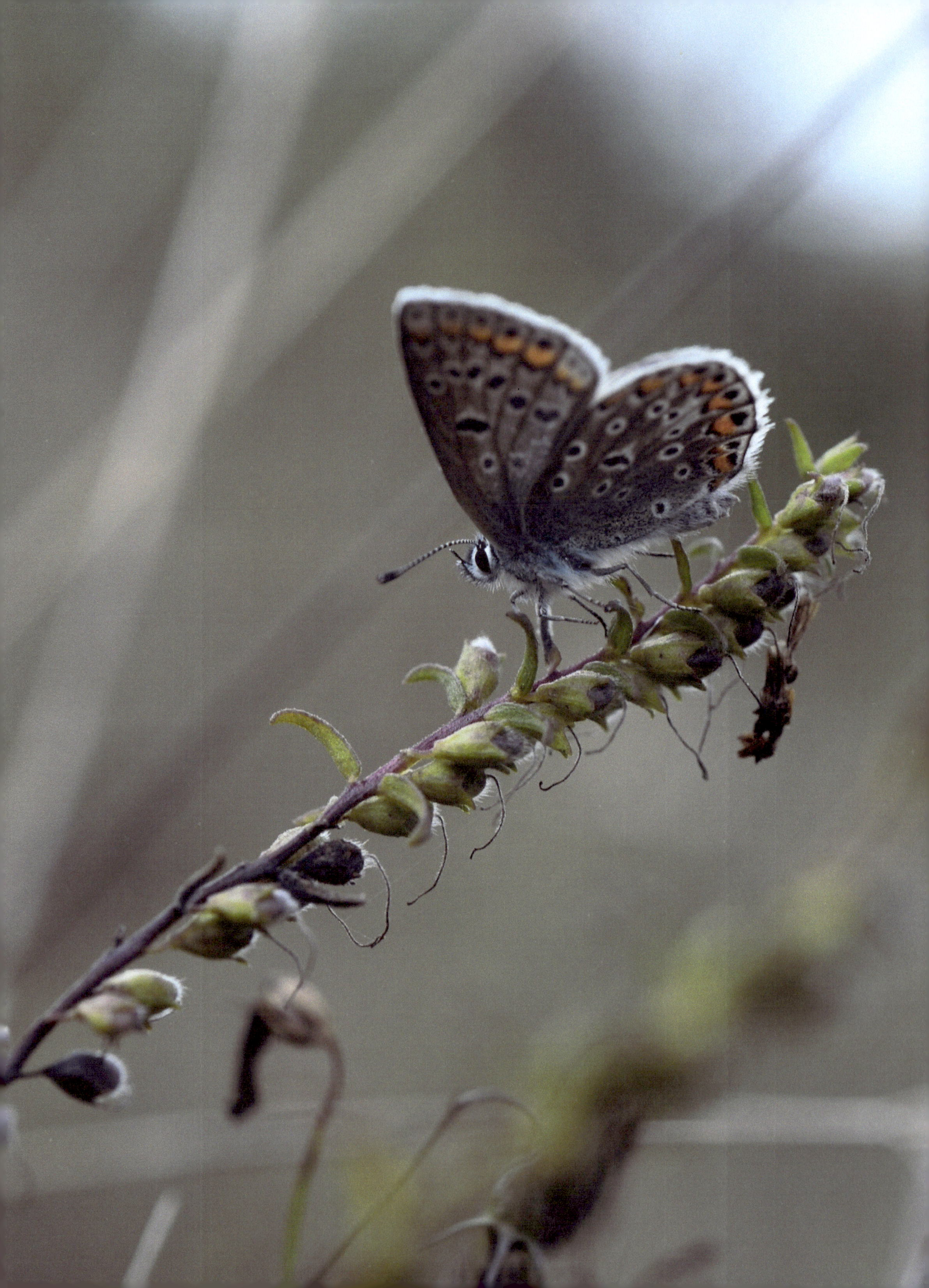

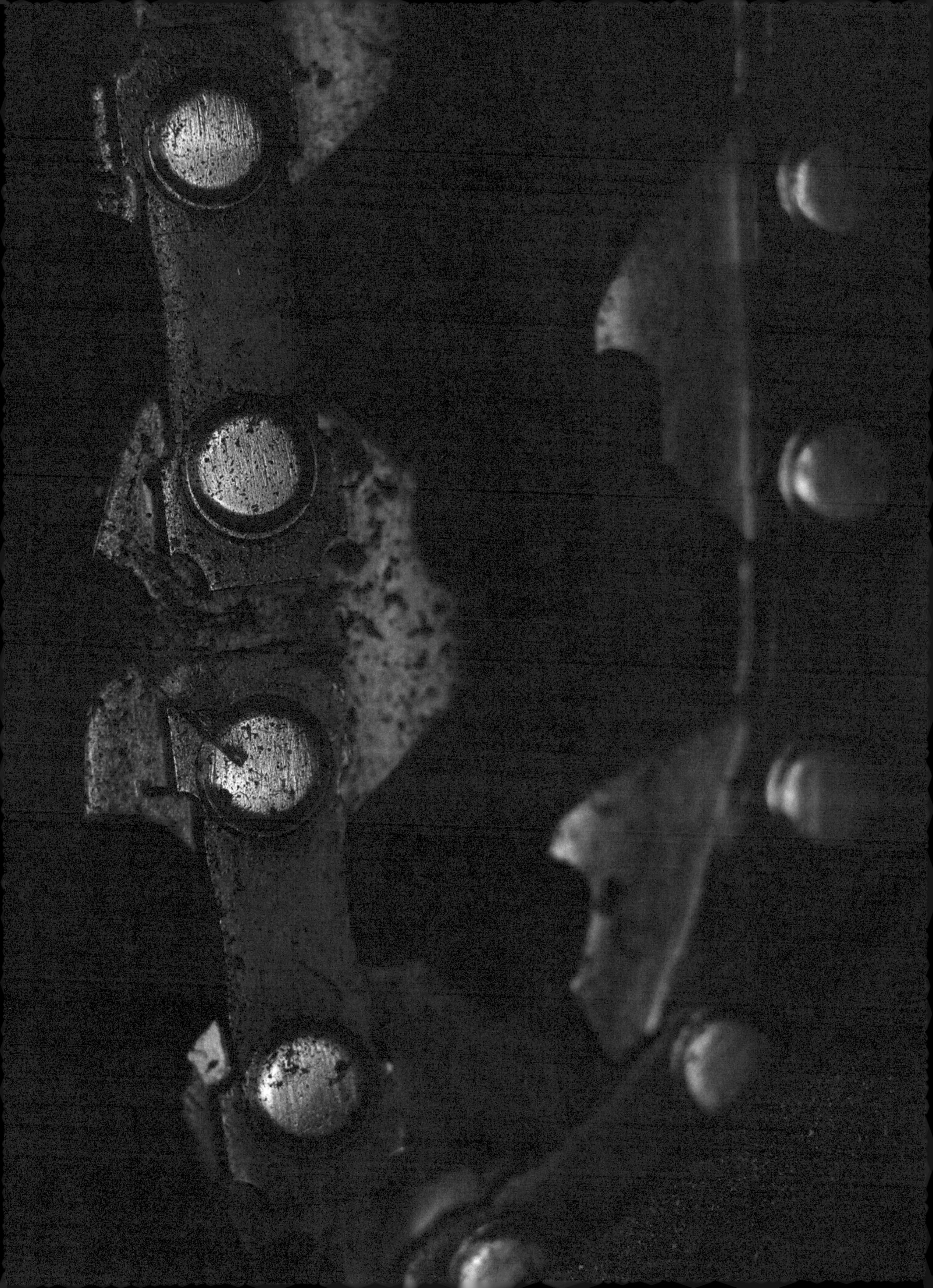

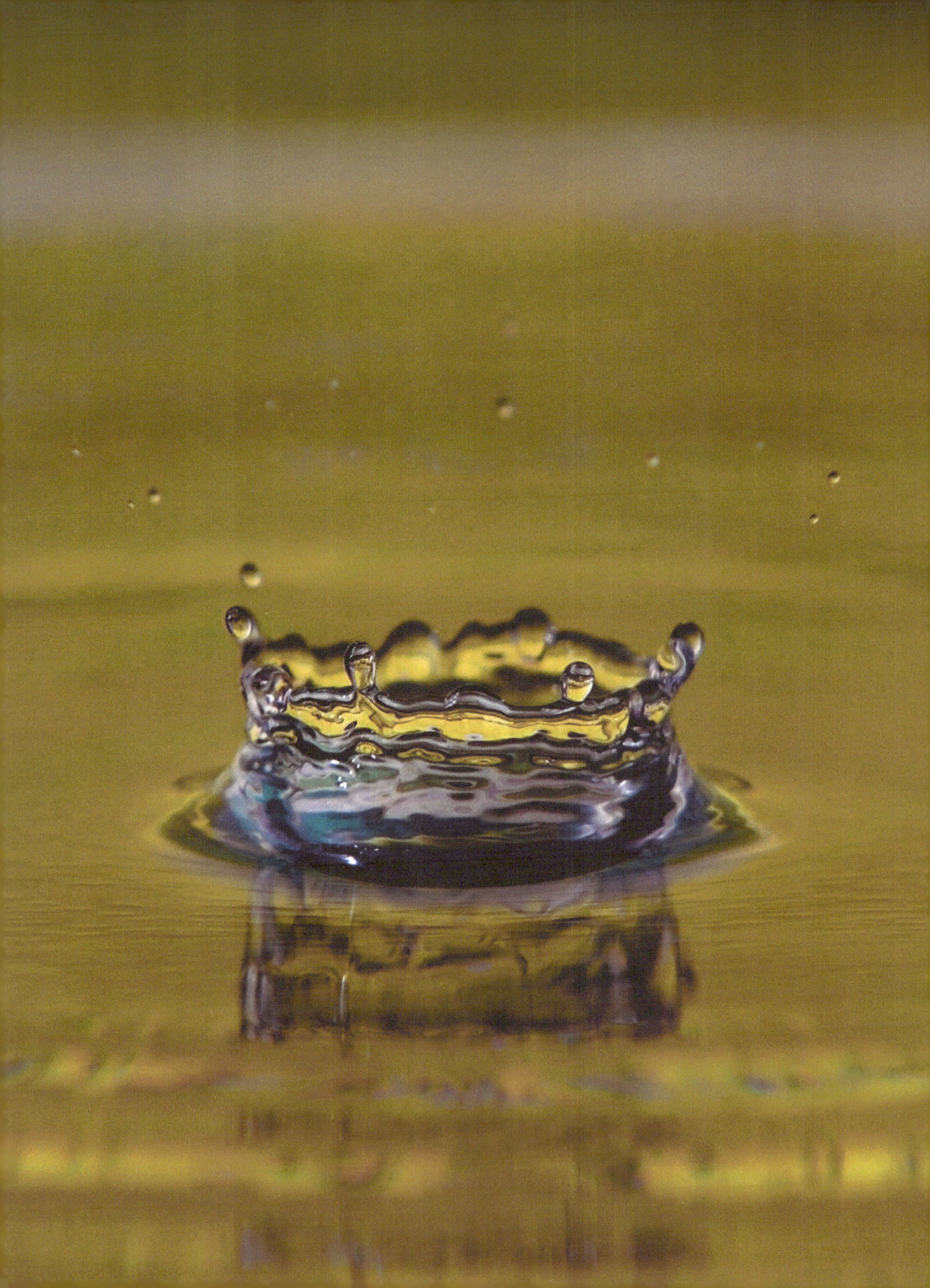

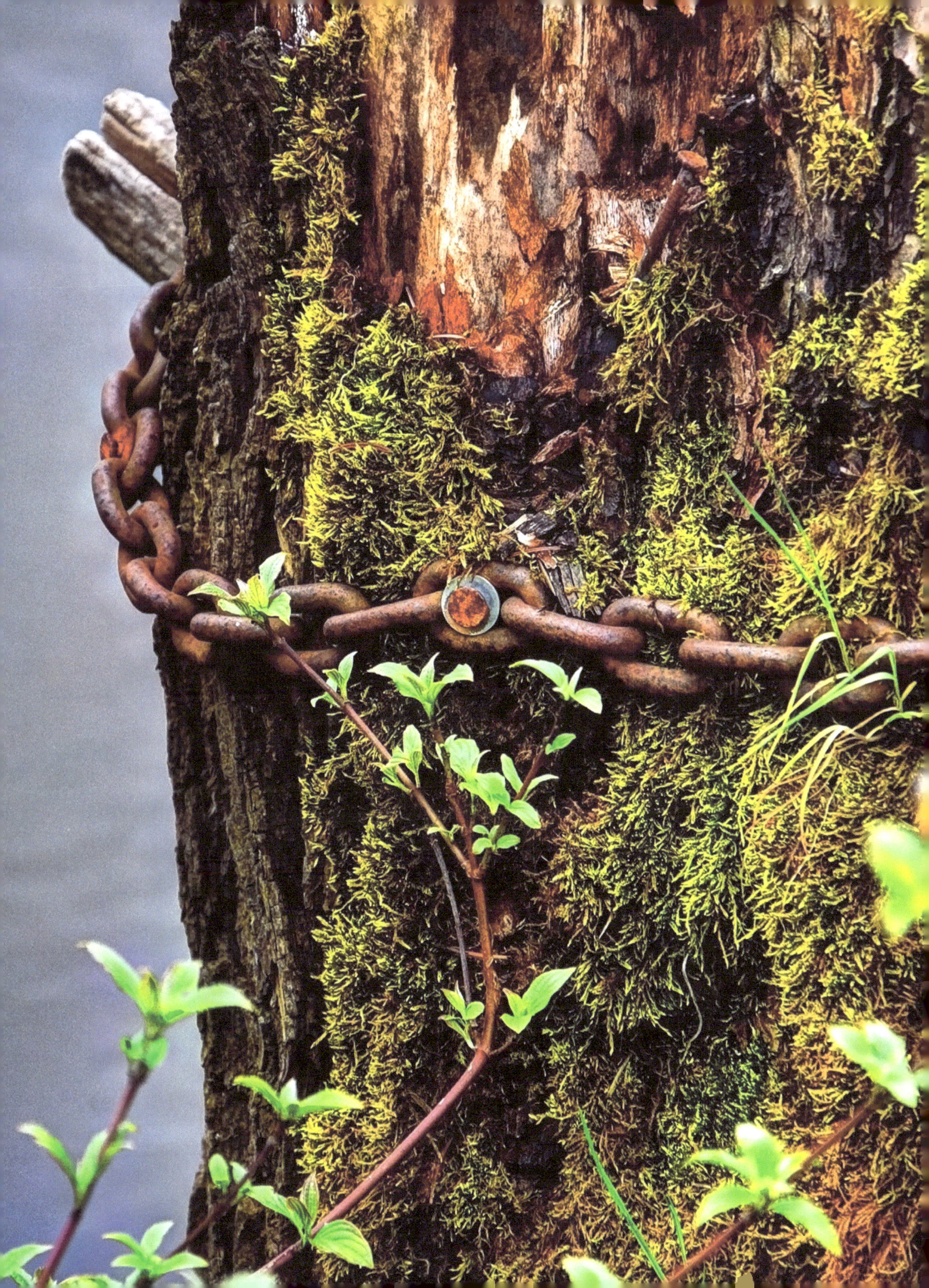

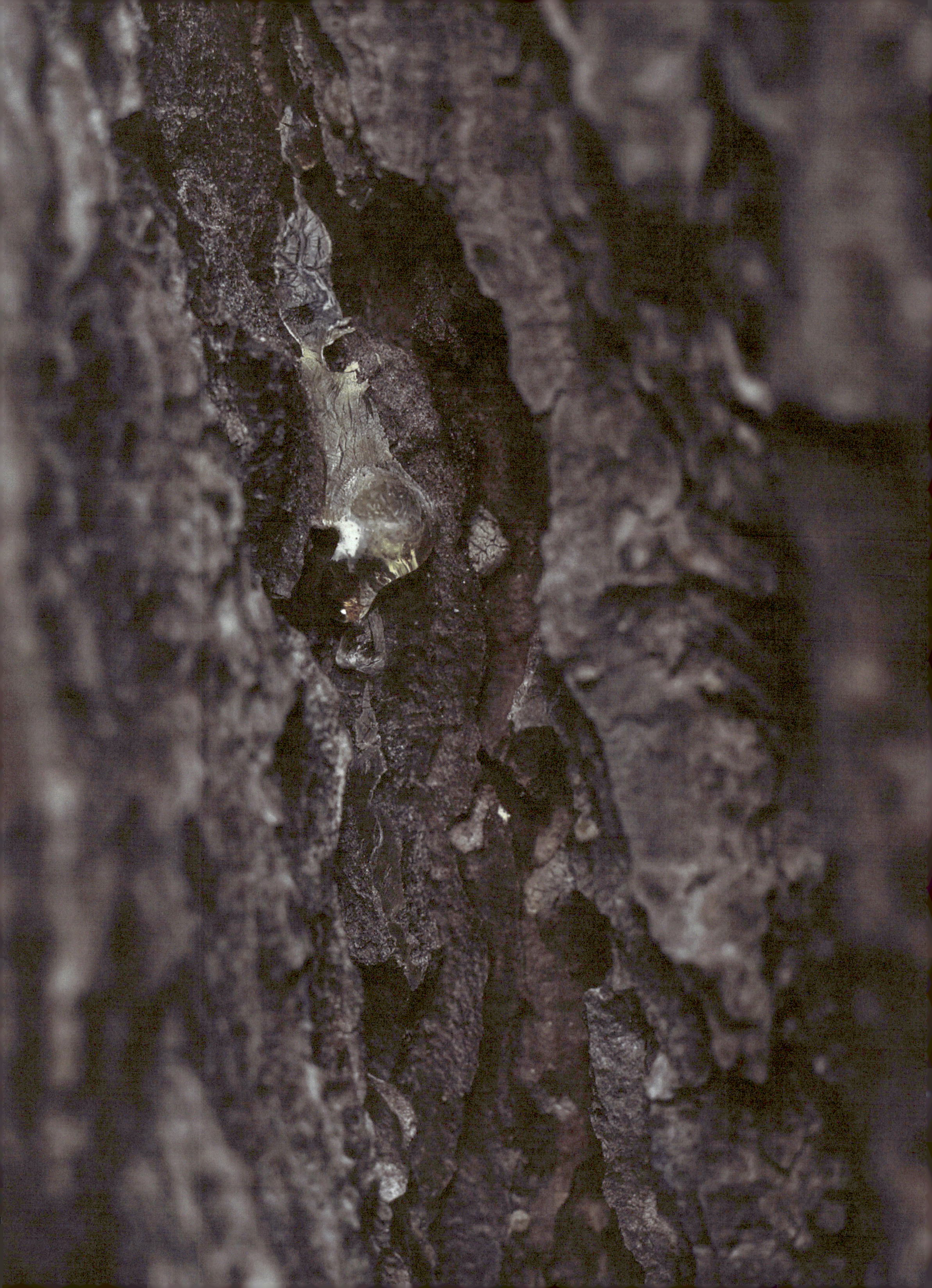

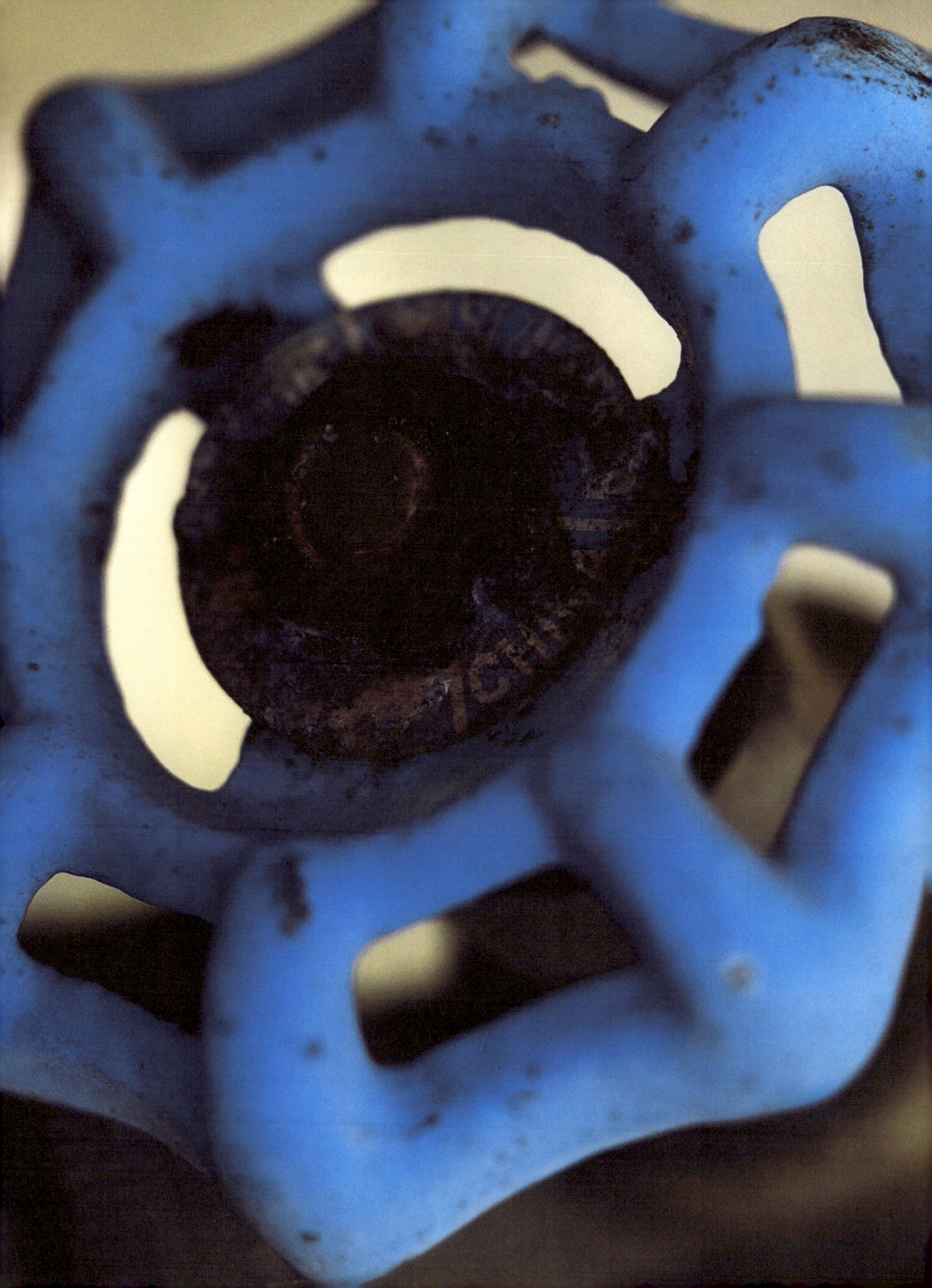

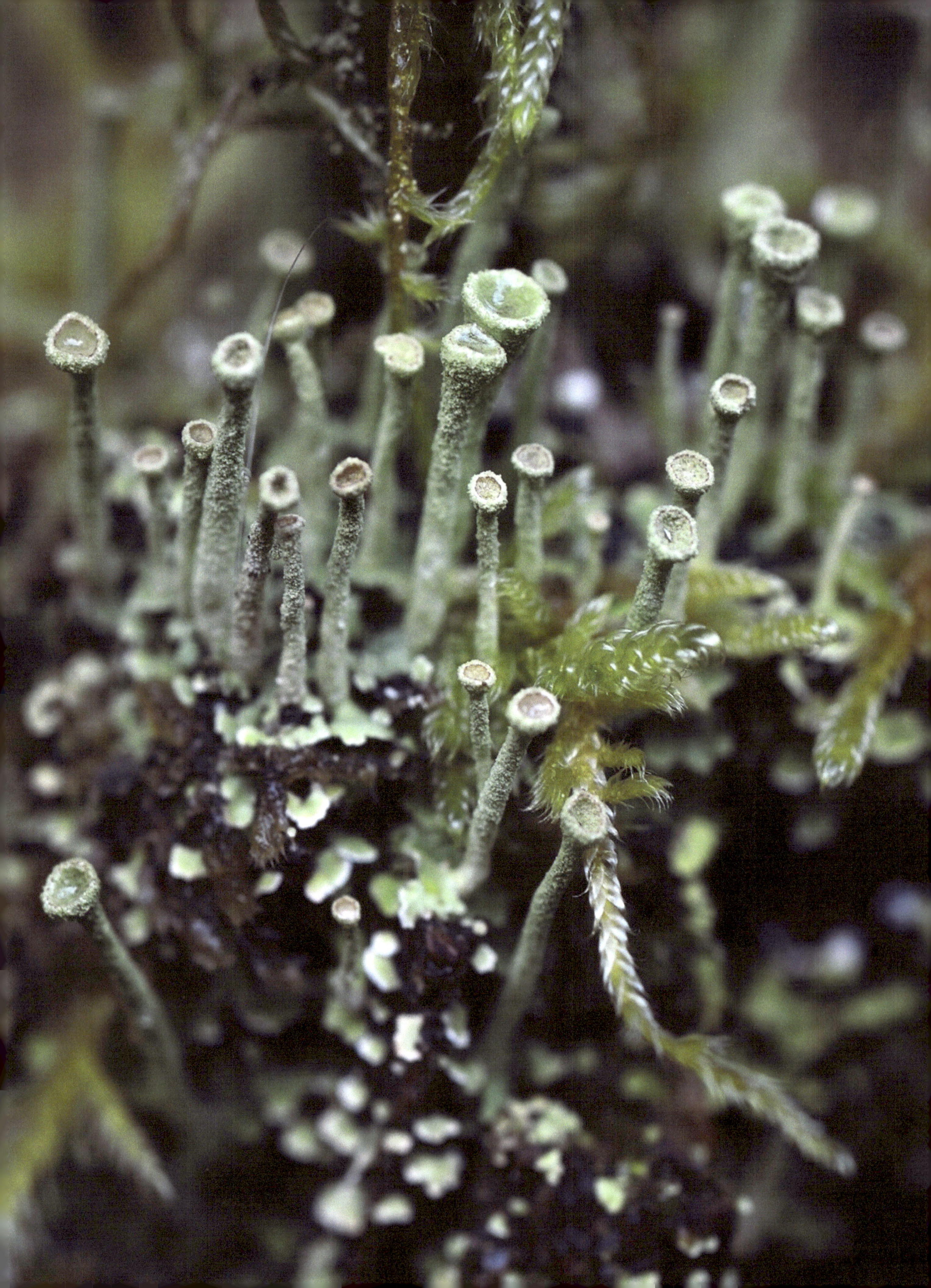

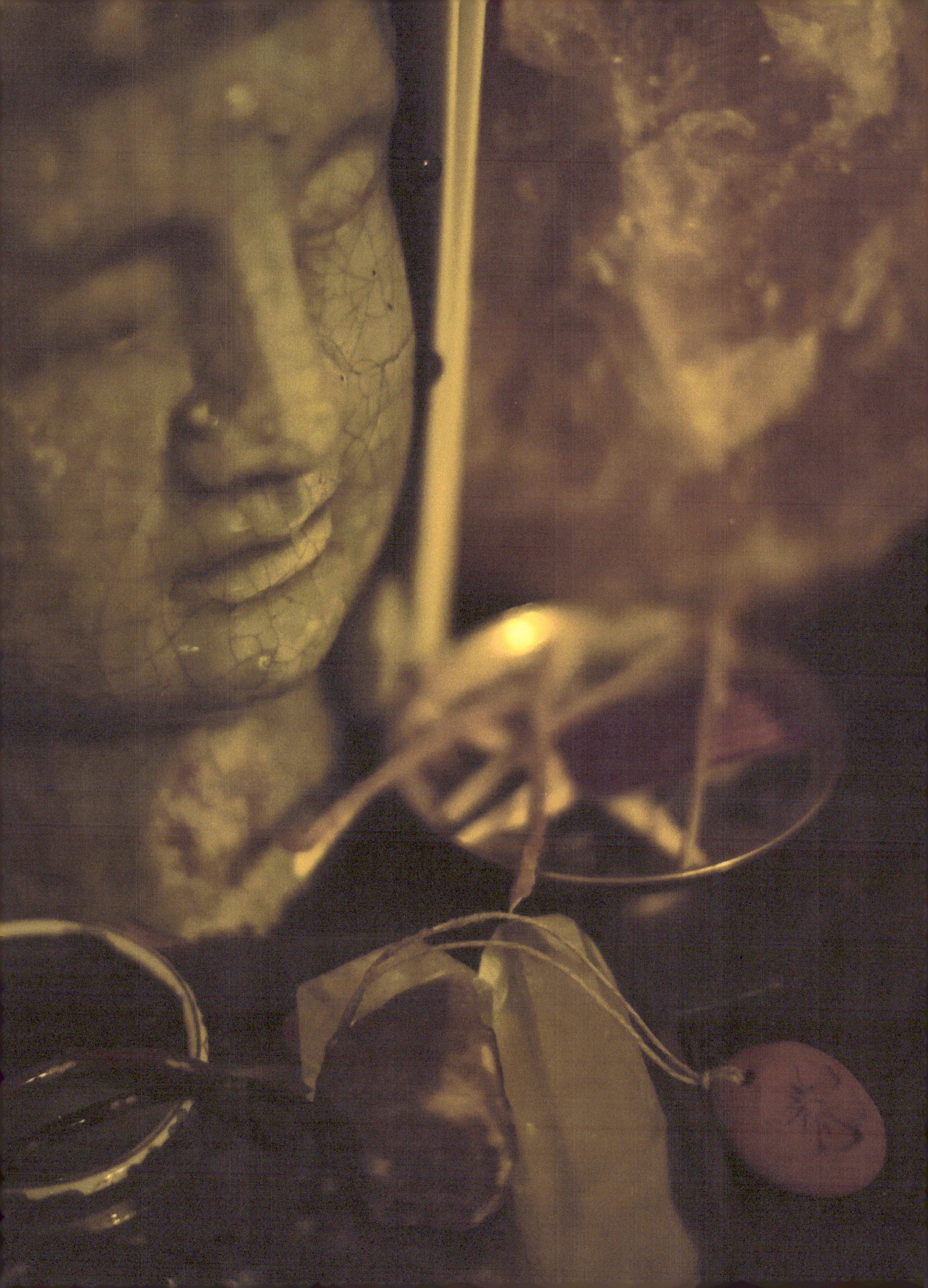

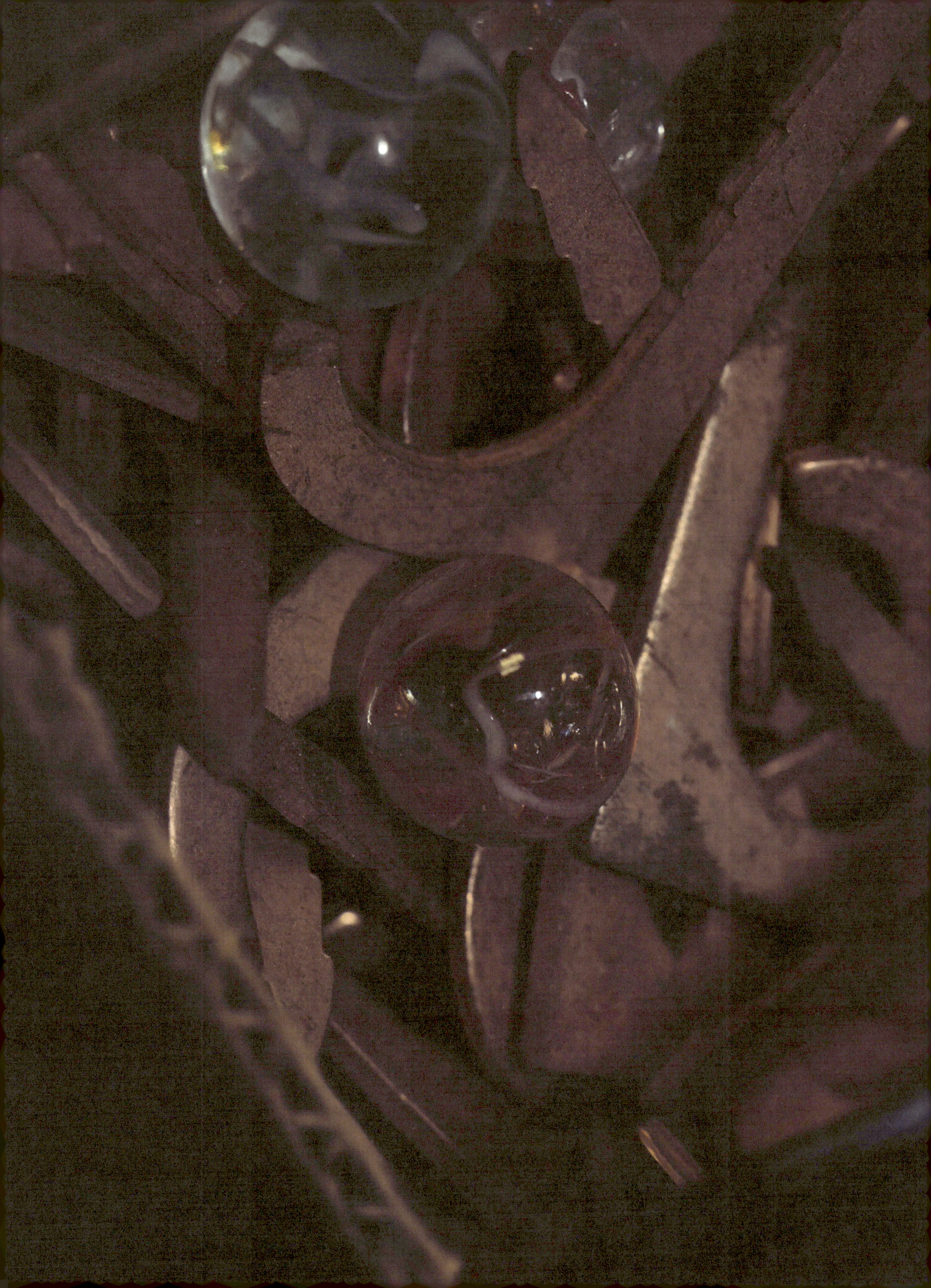

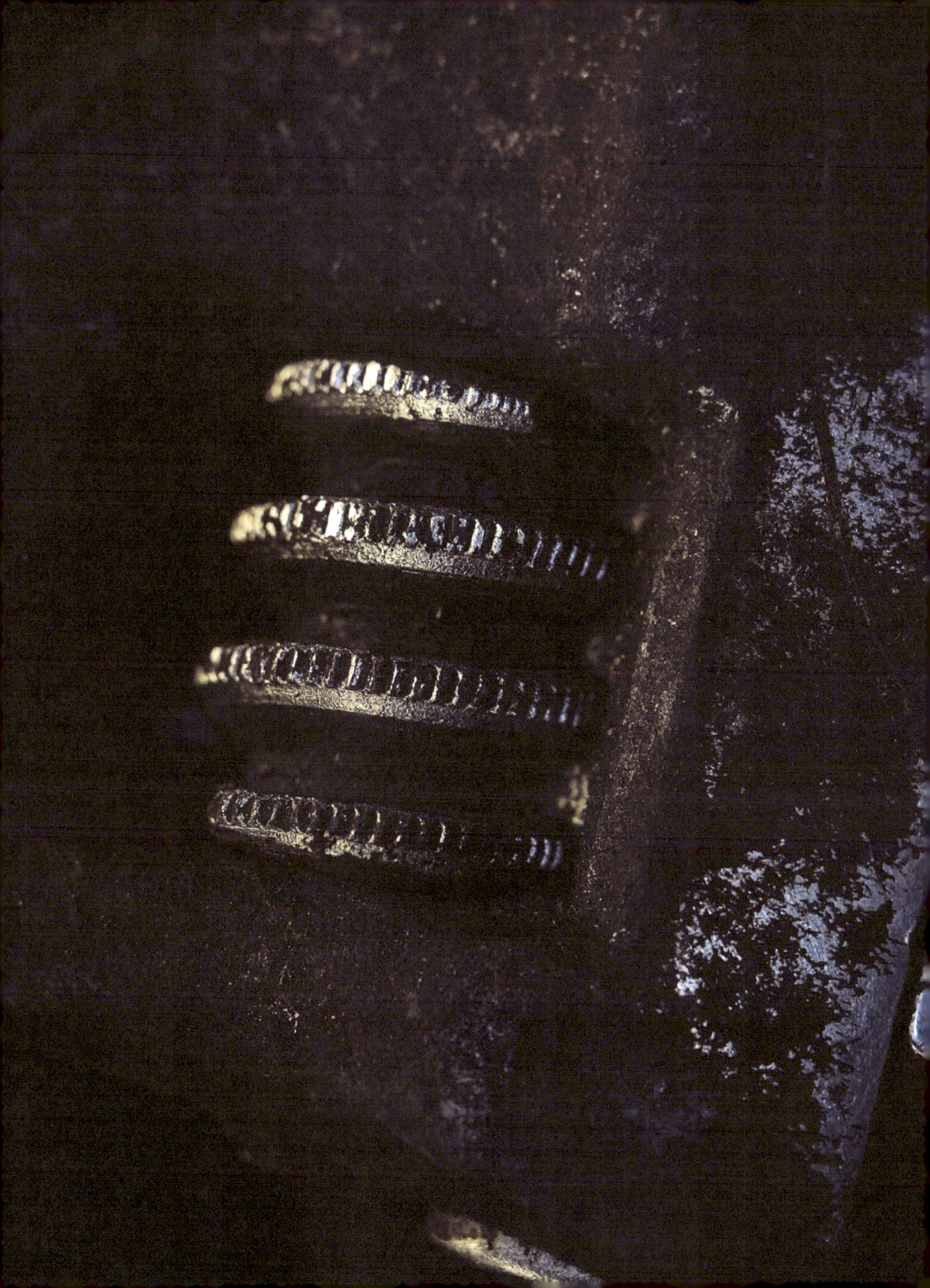

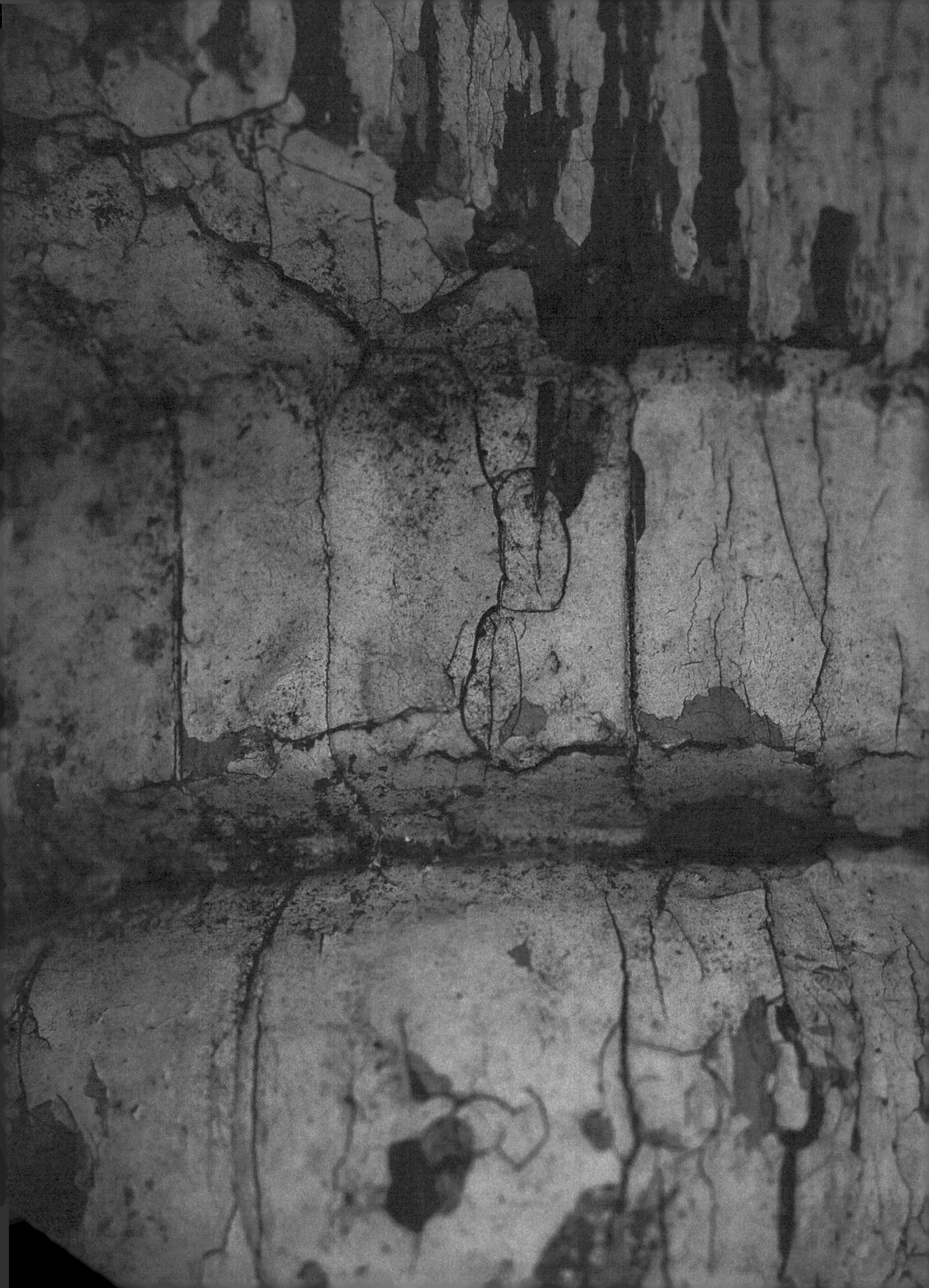

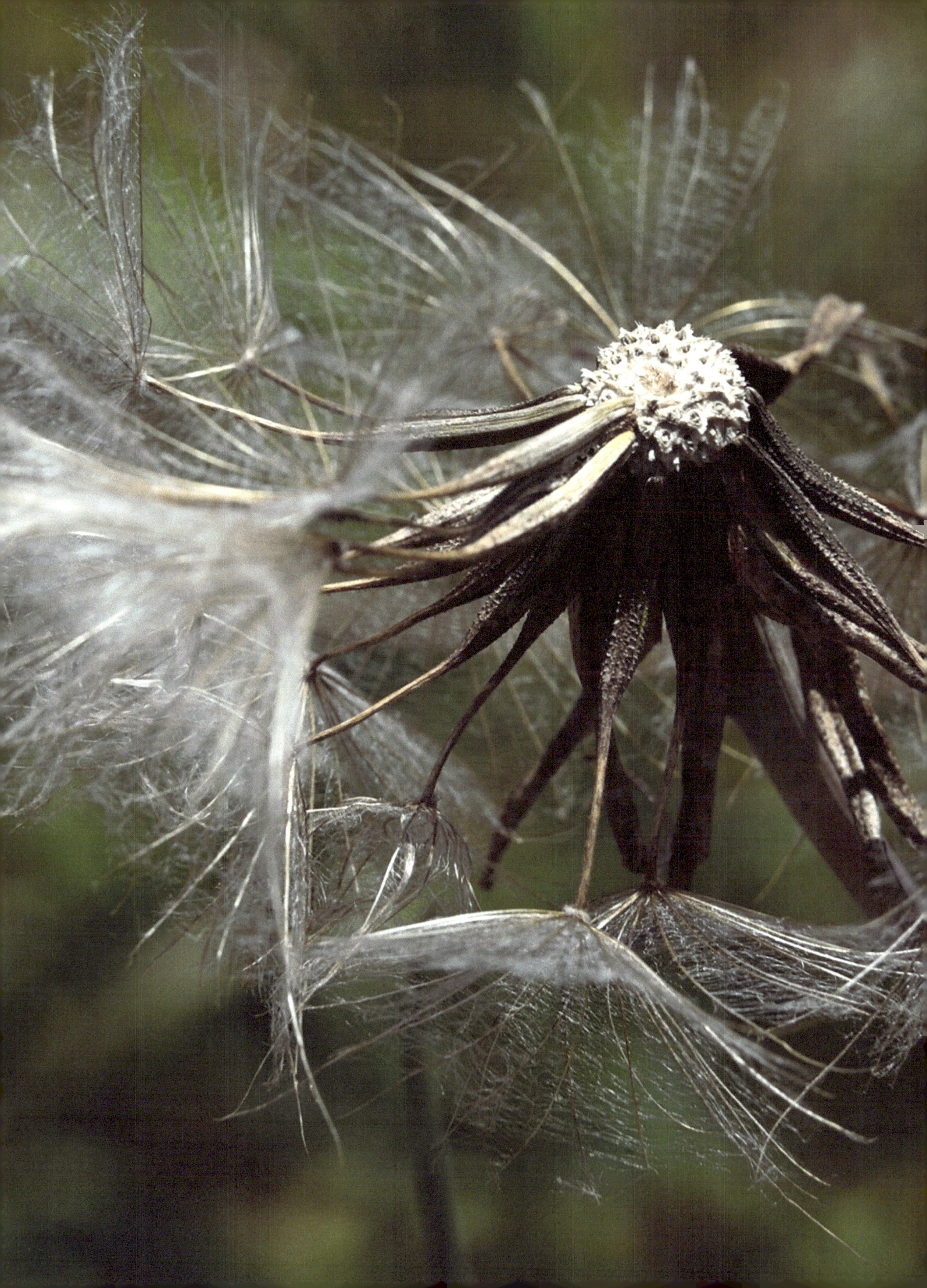

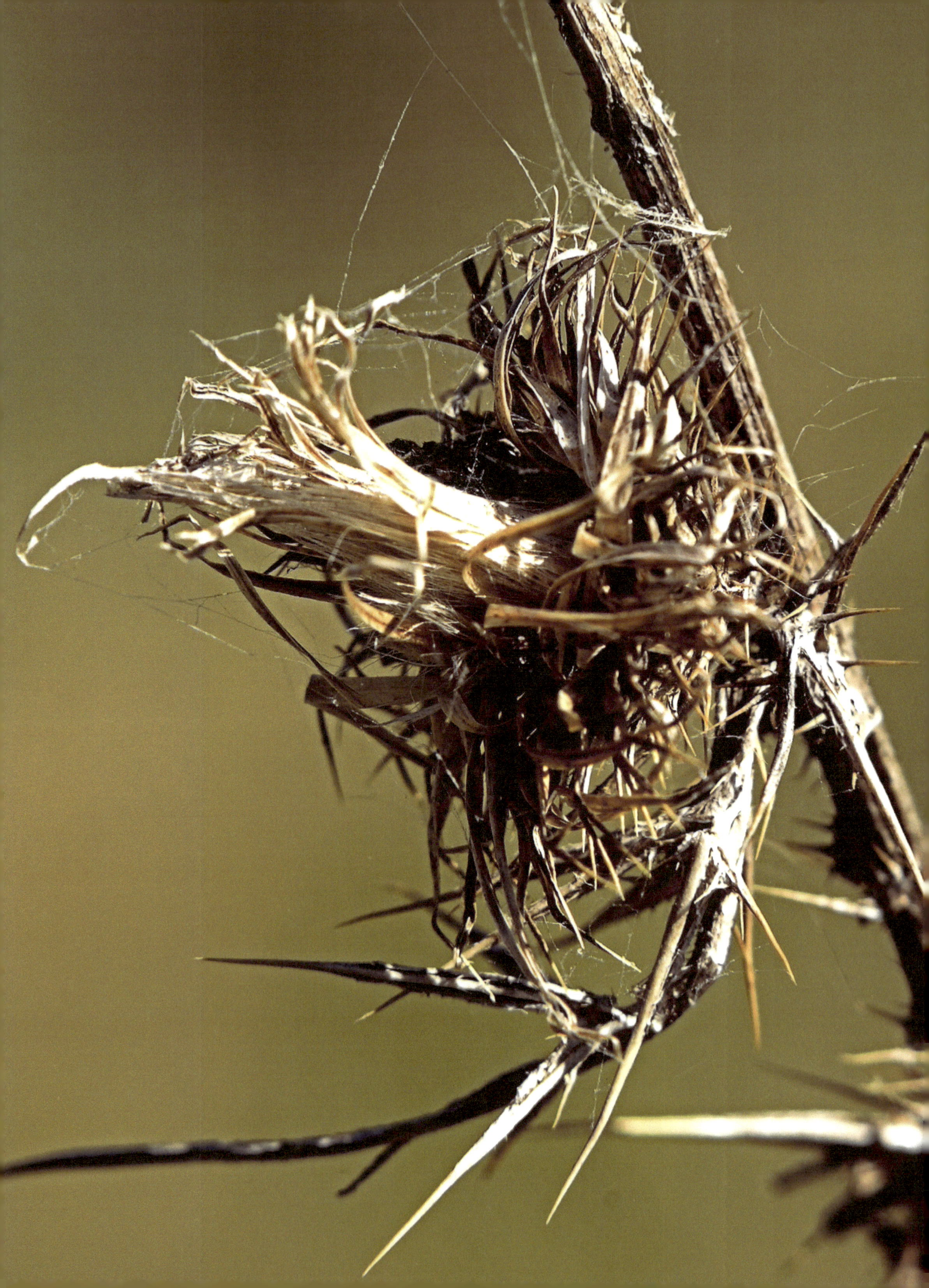

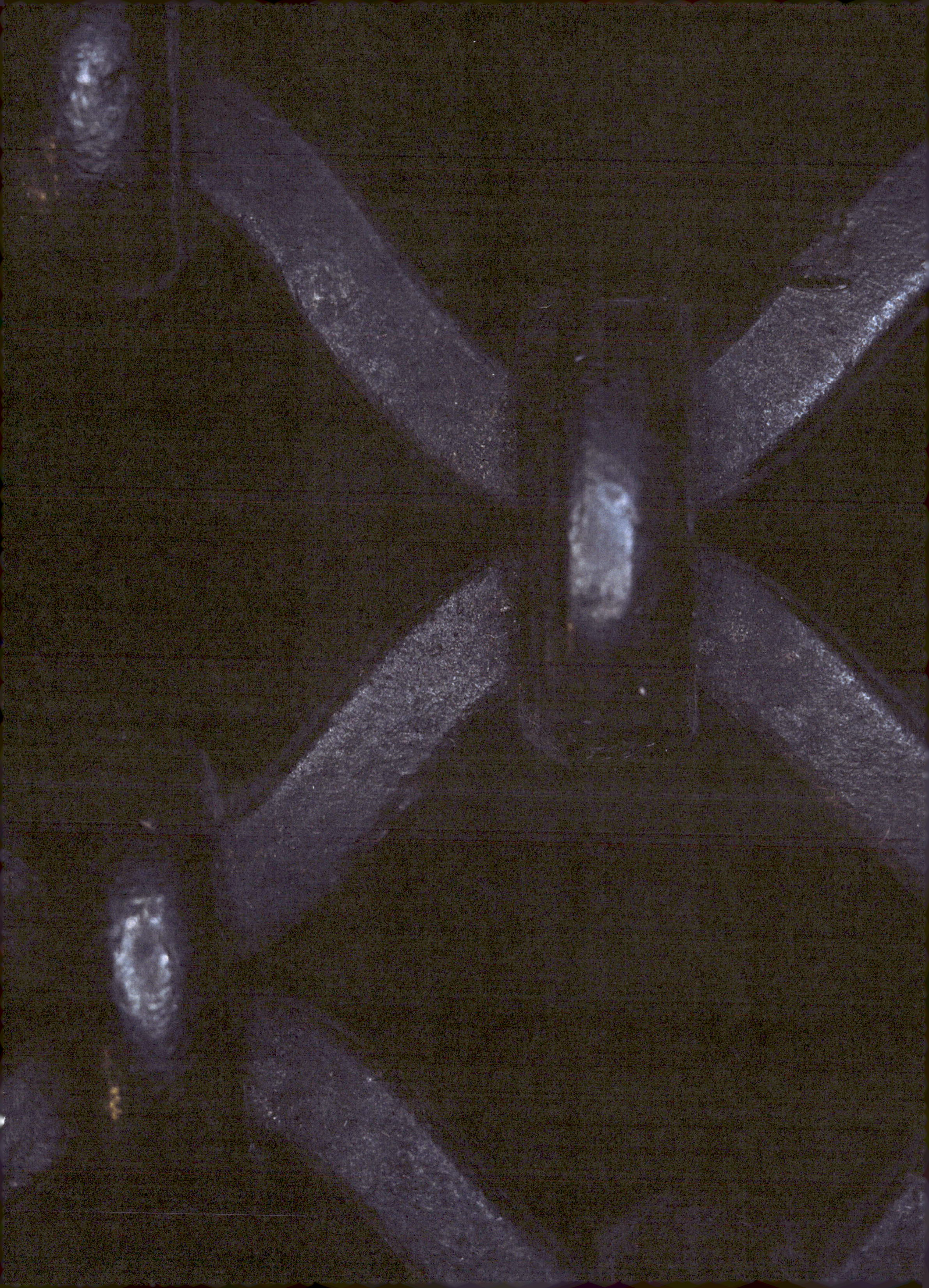

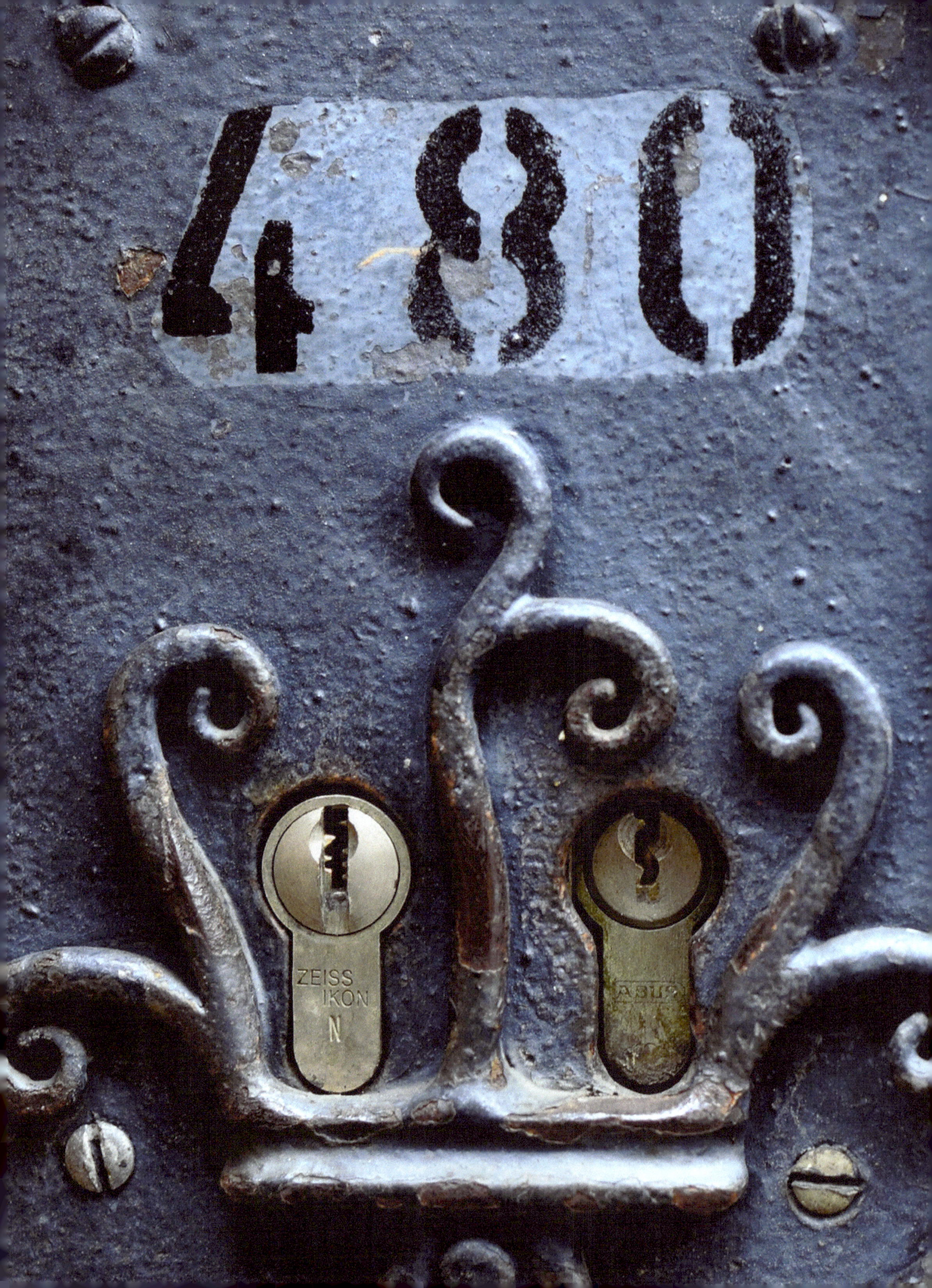
480
ZEISS
IKON
N

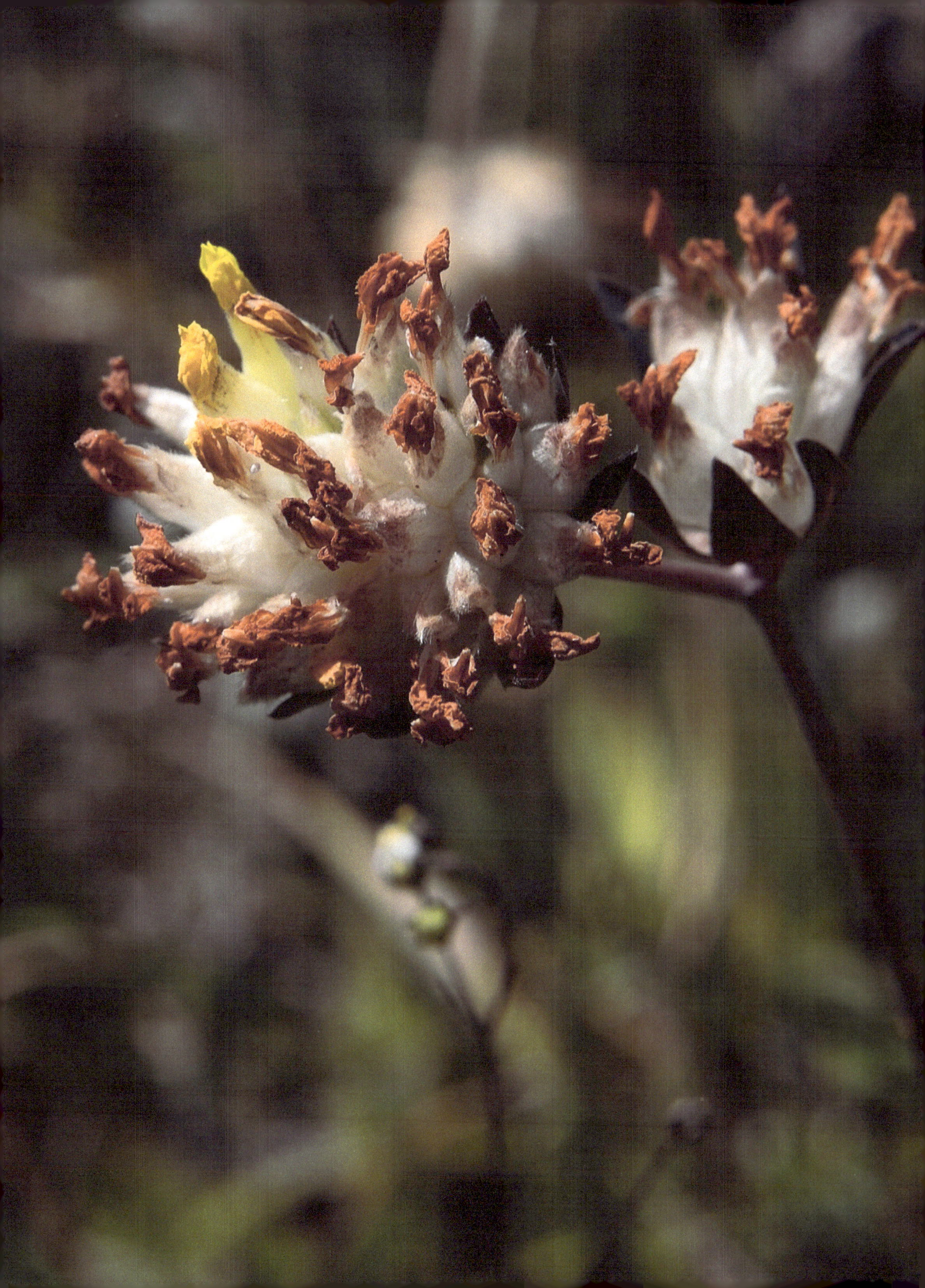

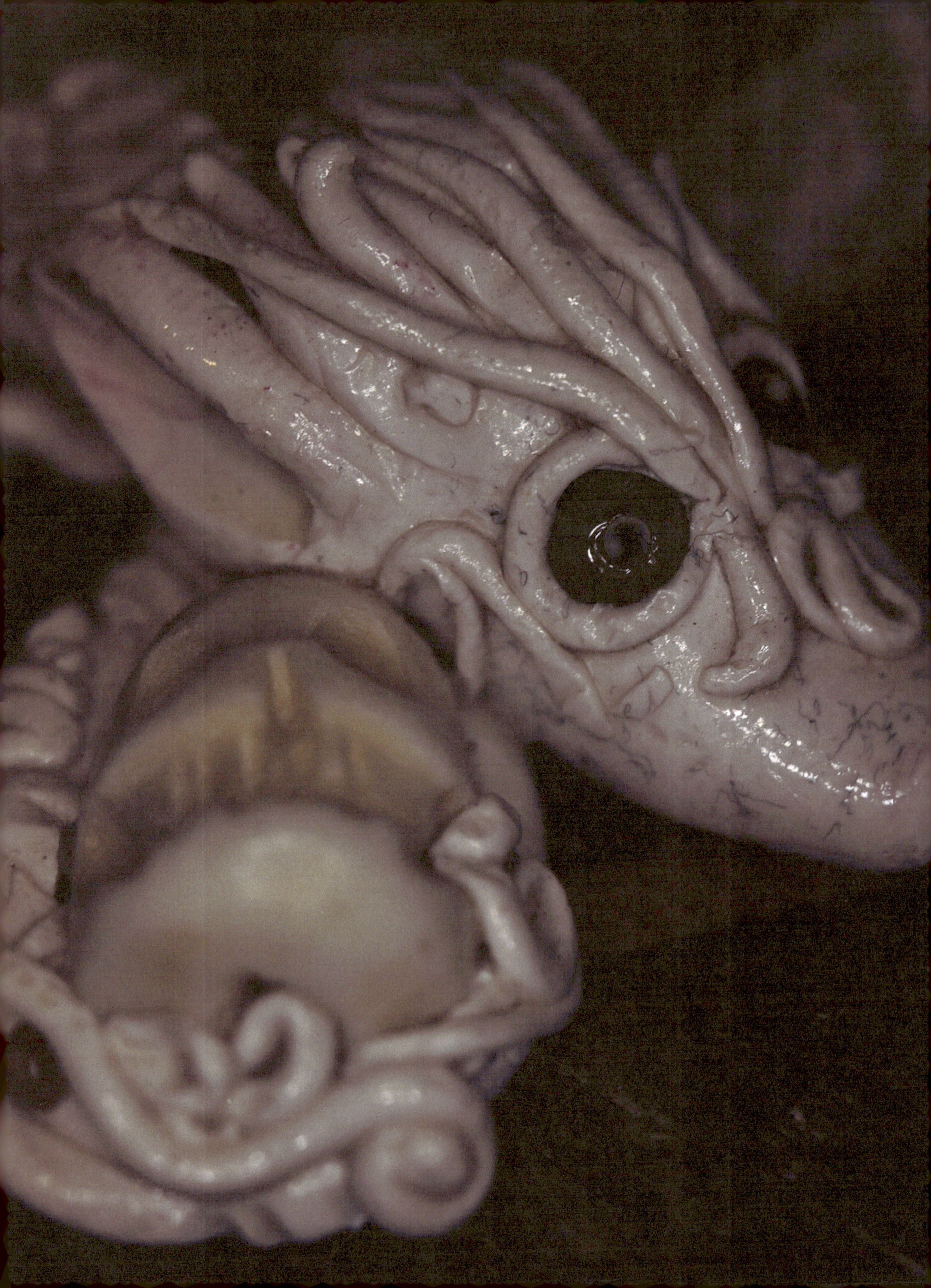

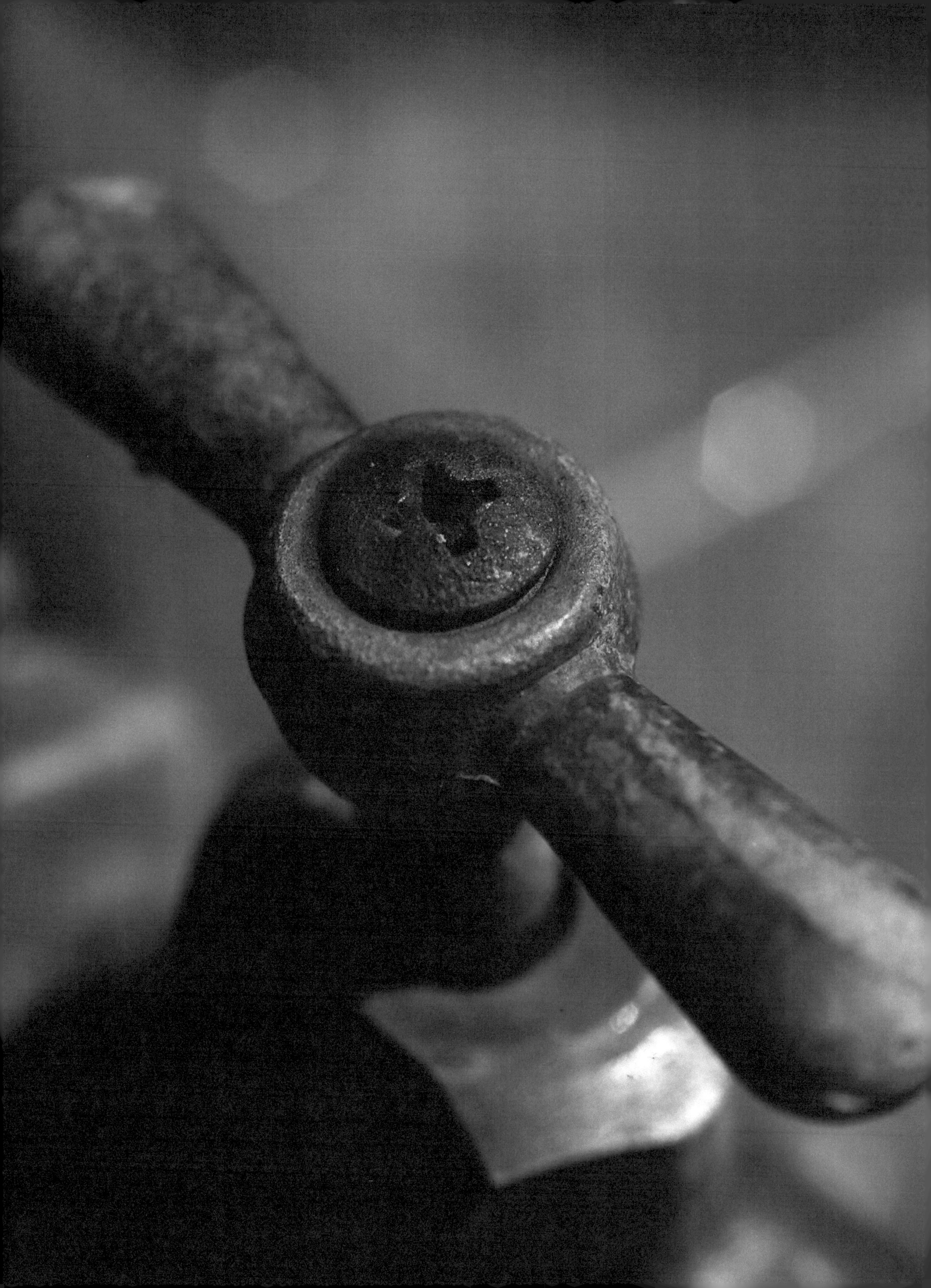

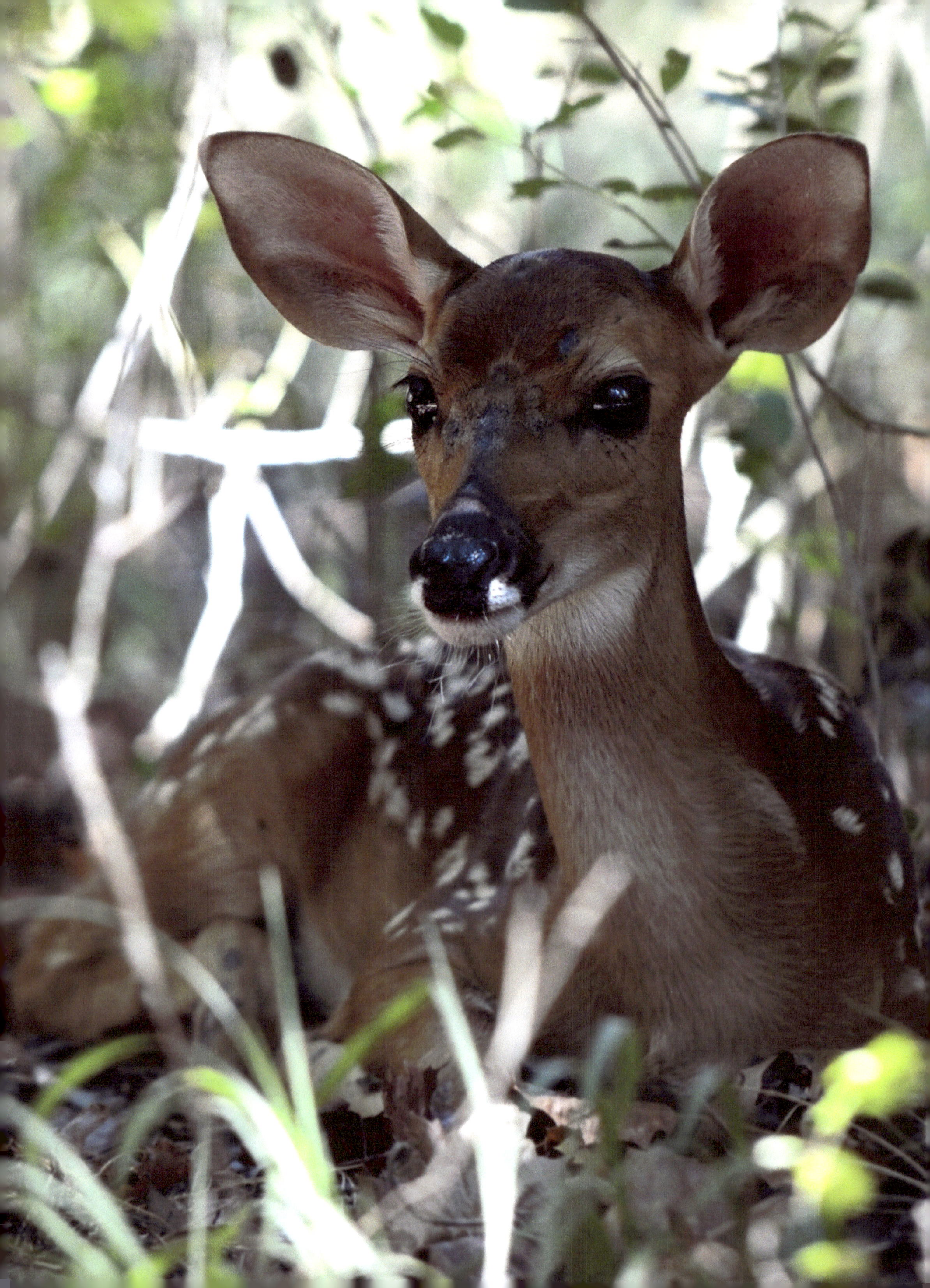

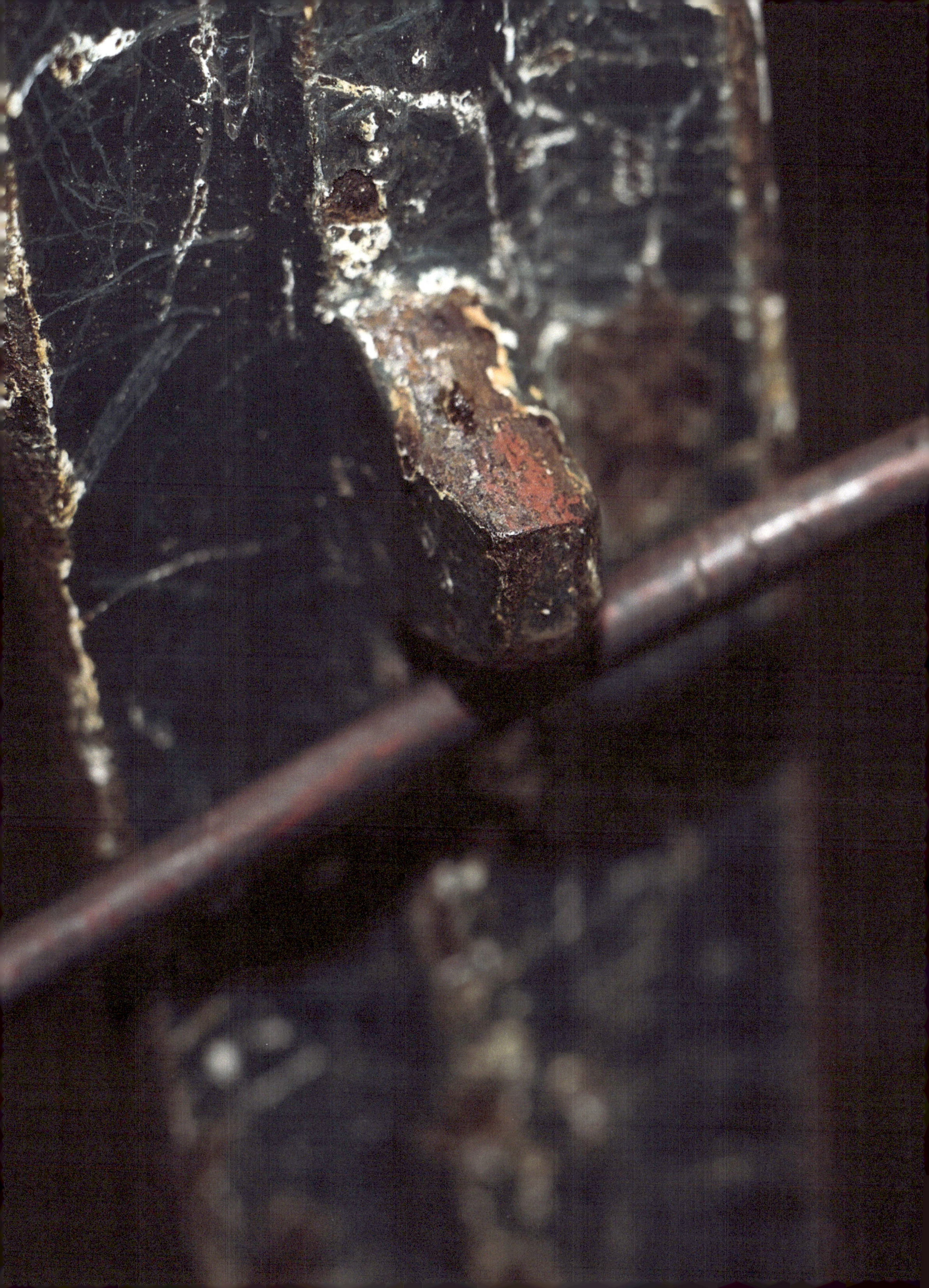

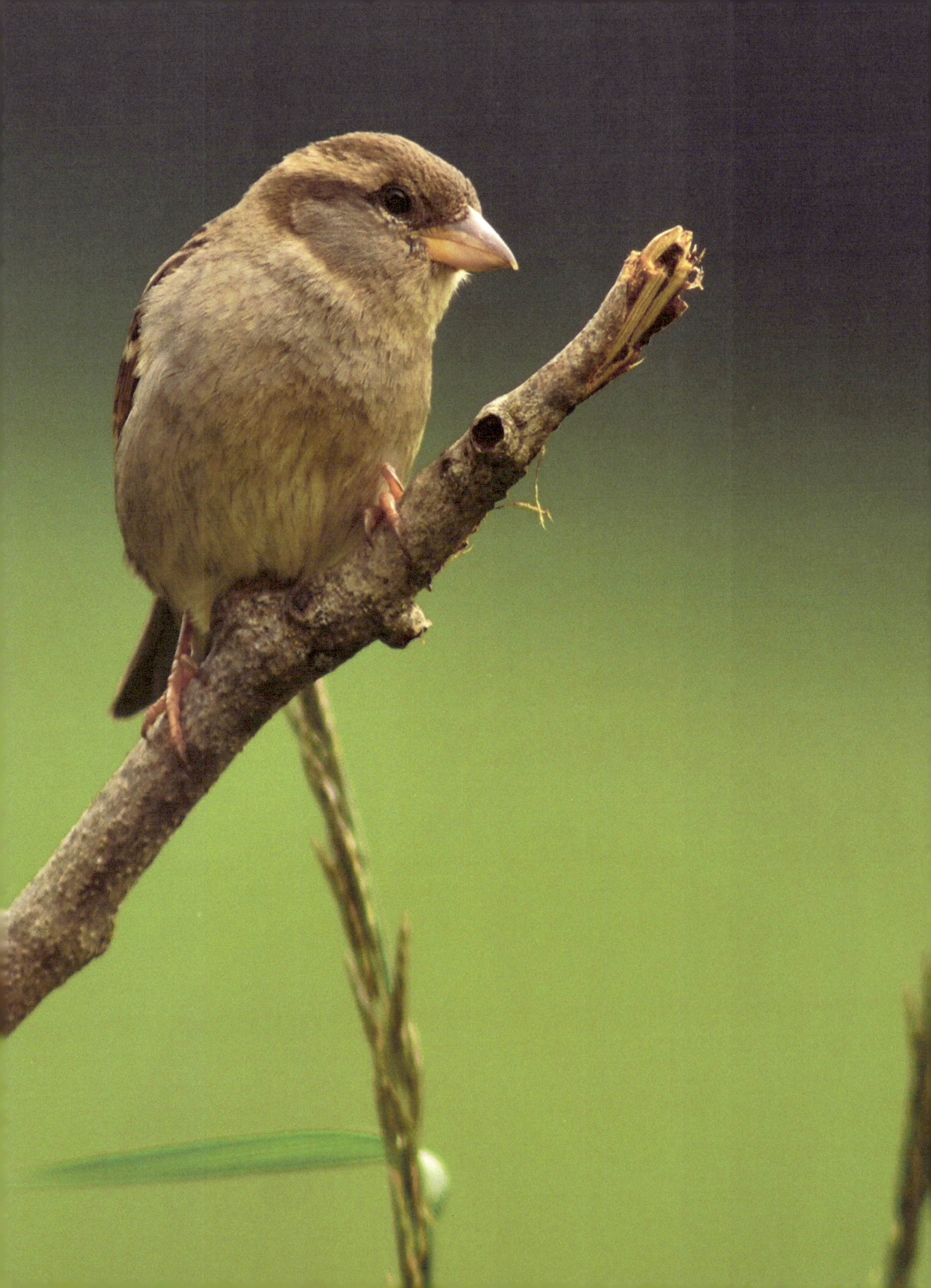

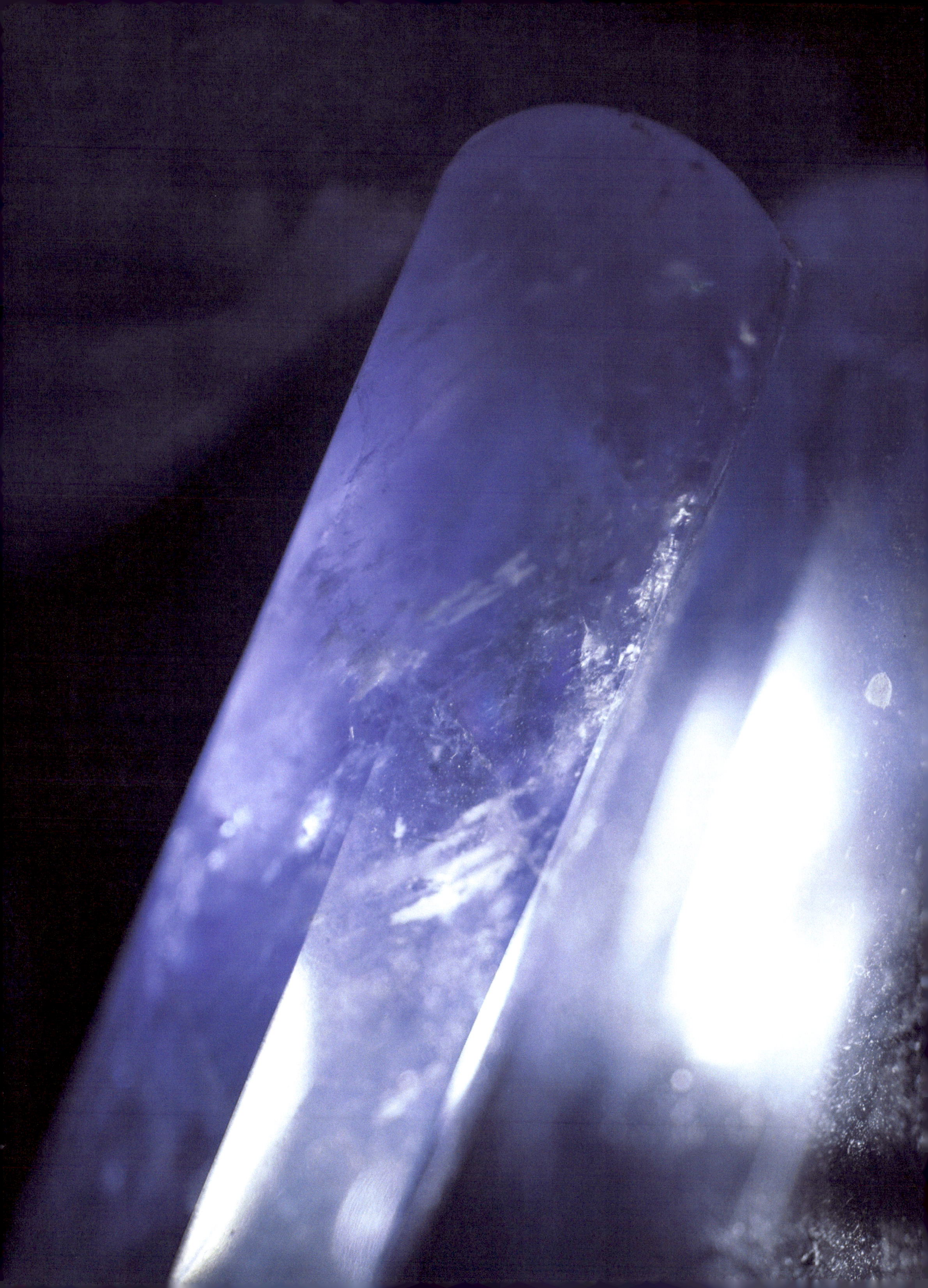

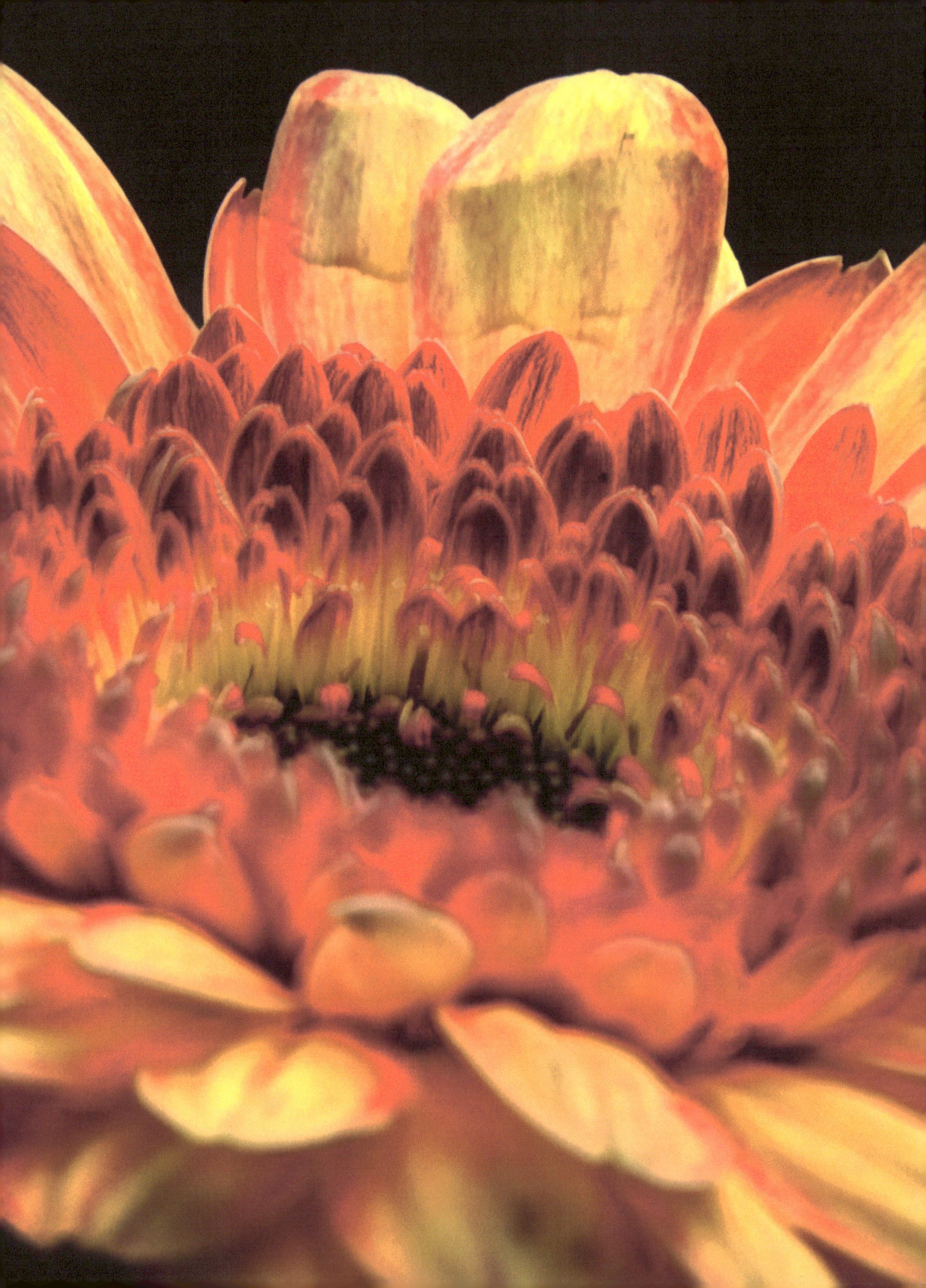

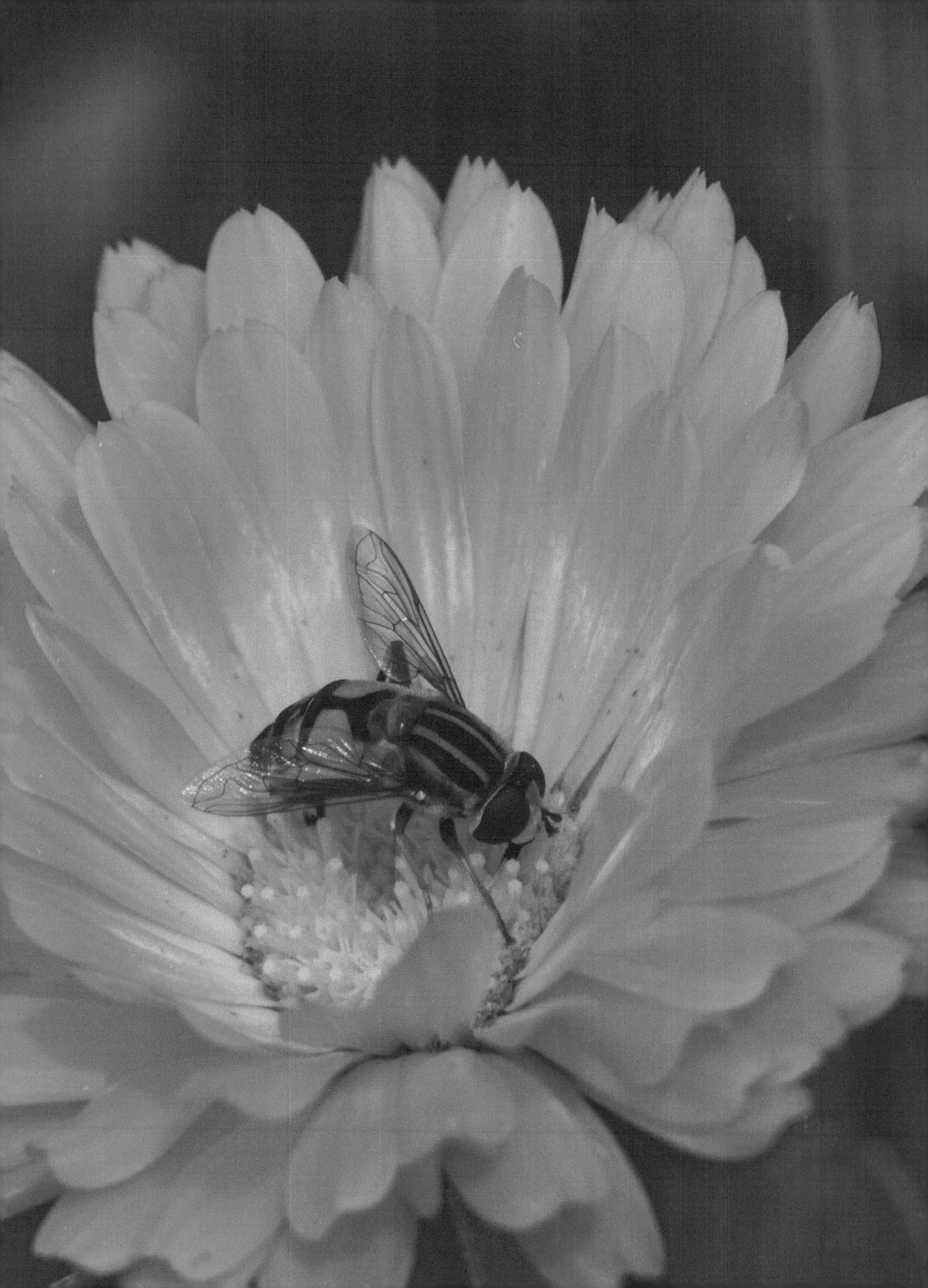

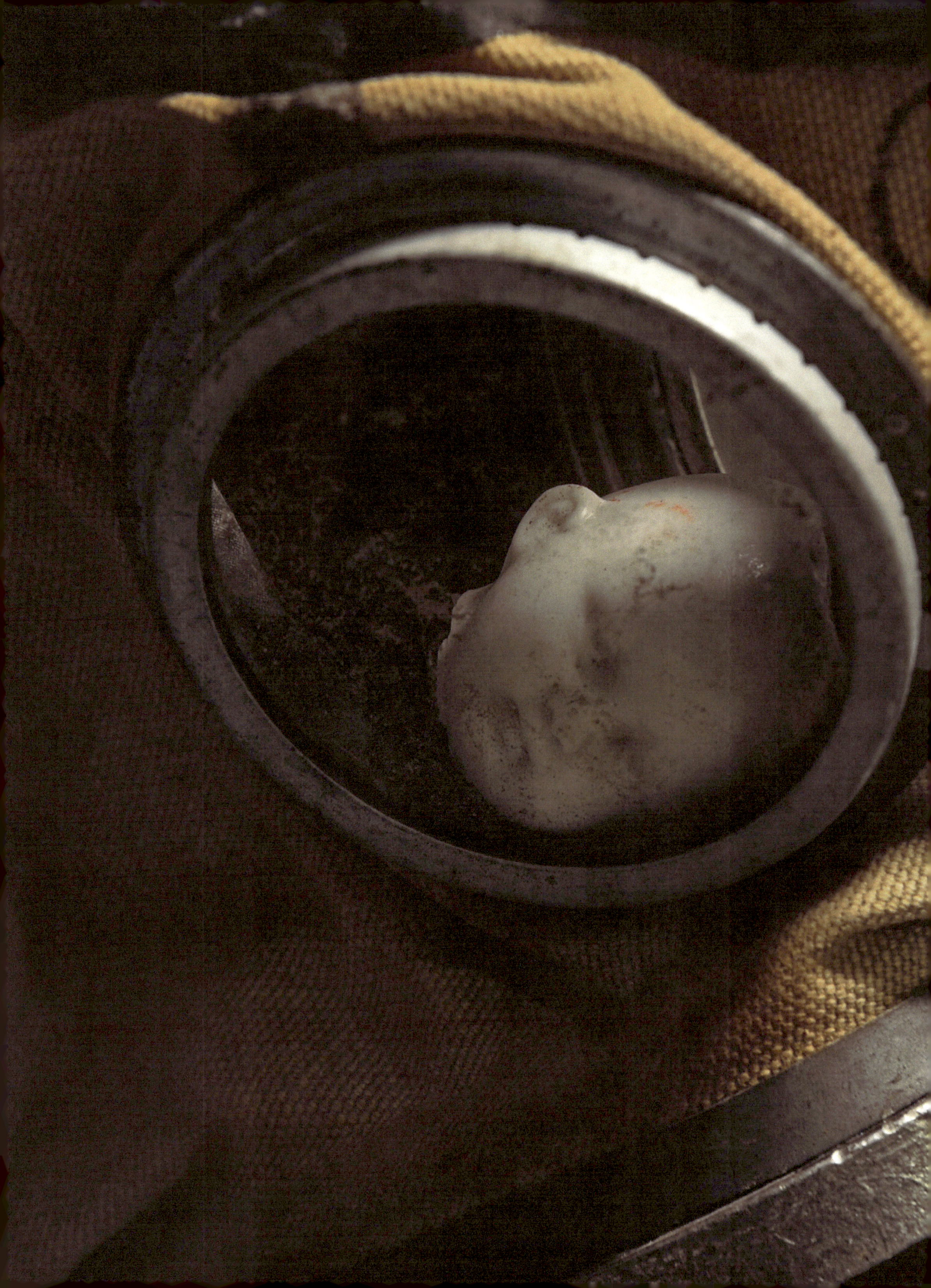

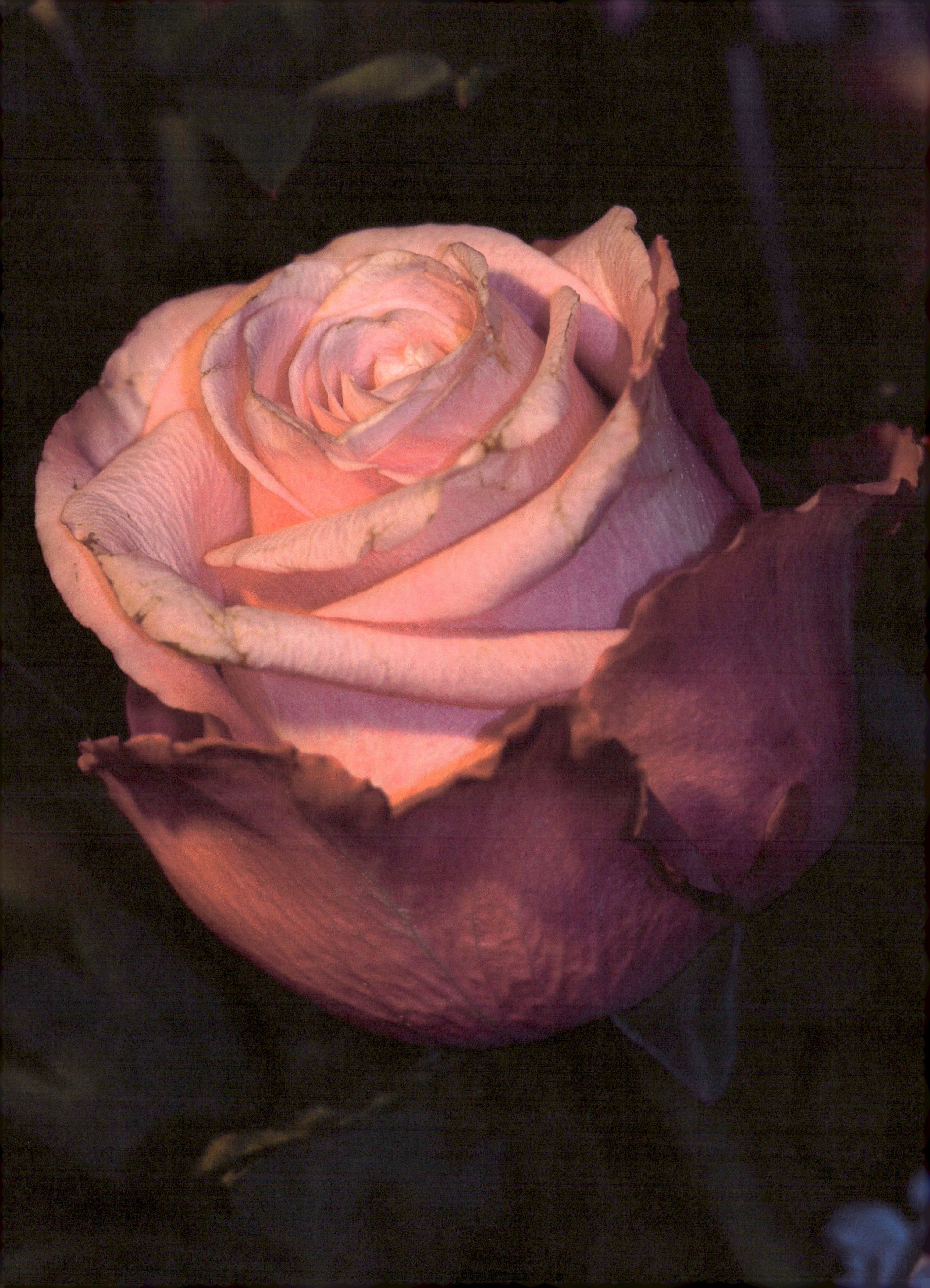

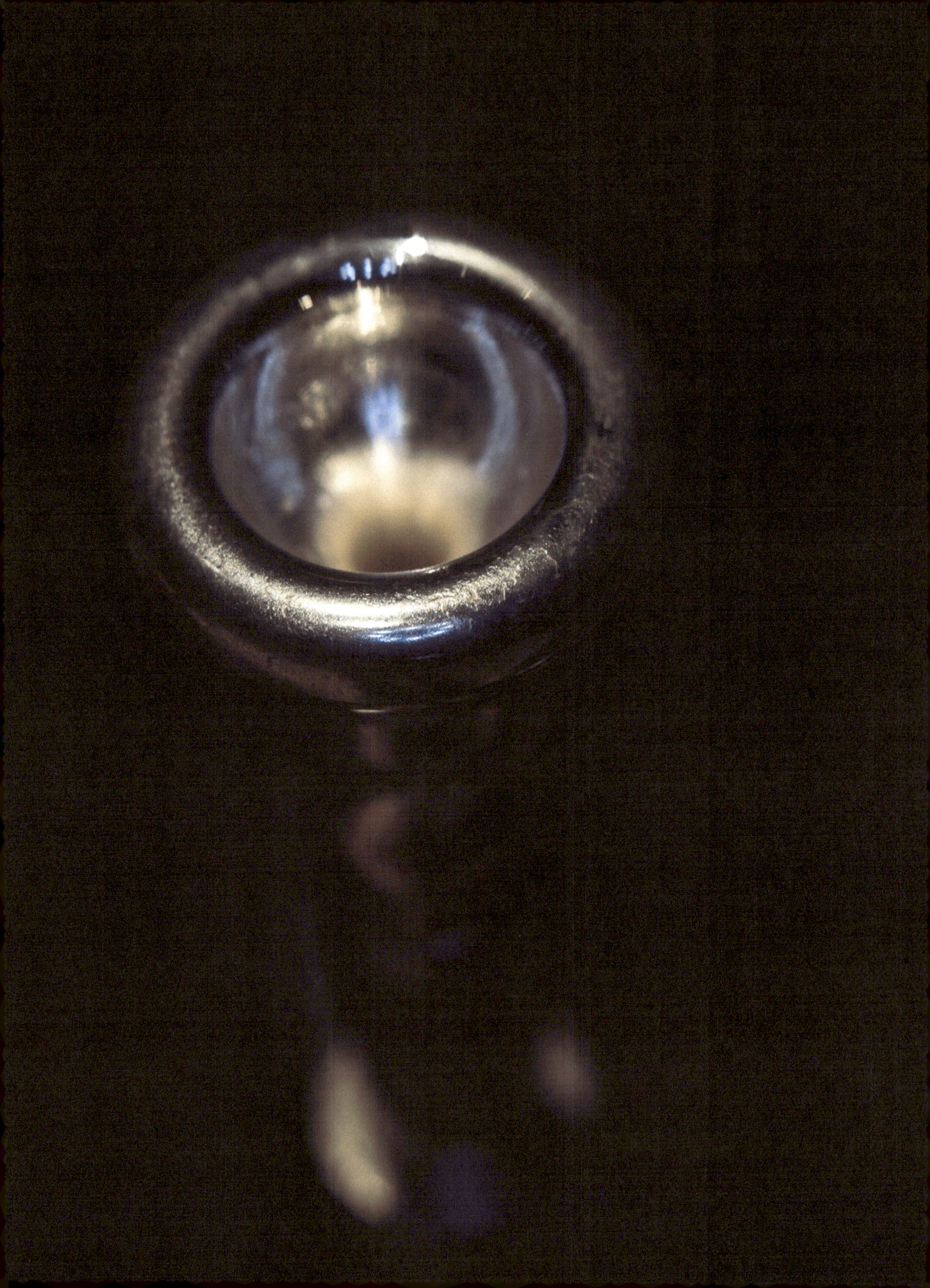

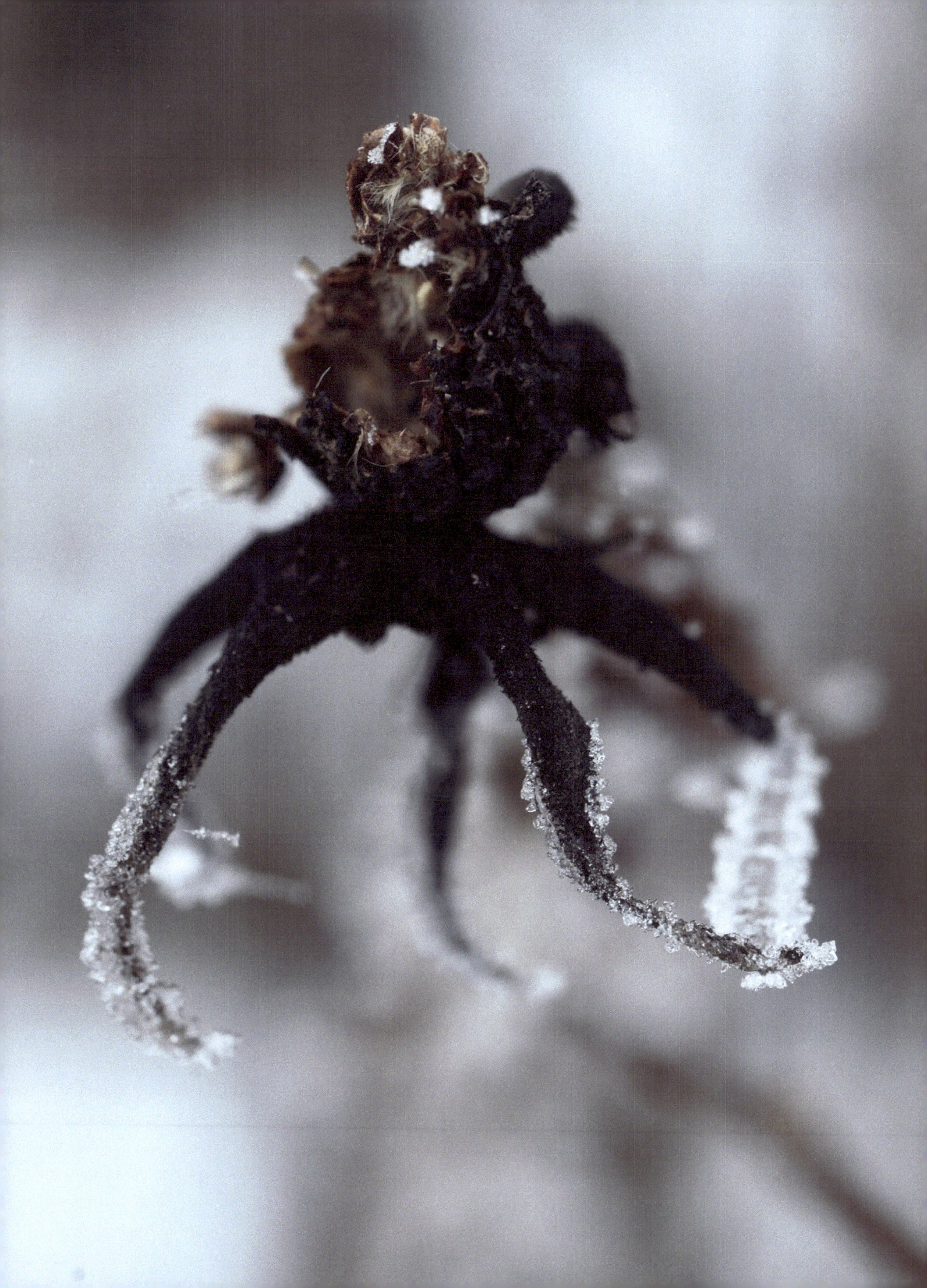

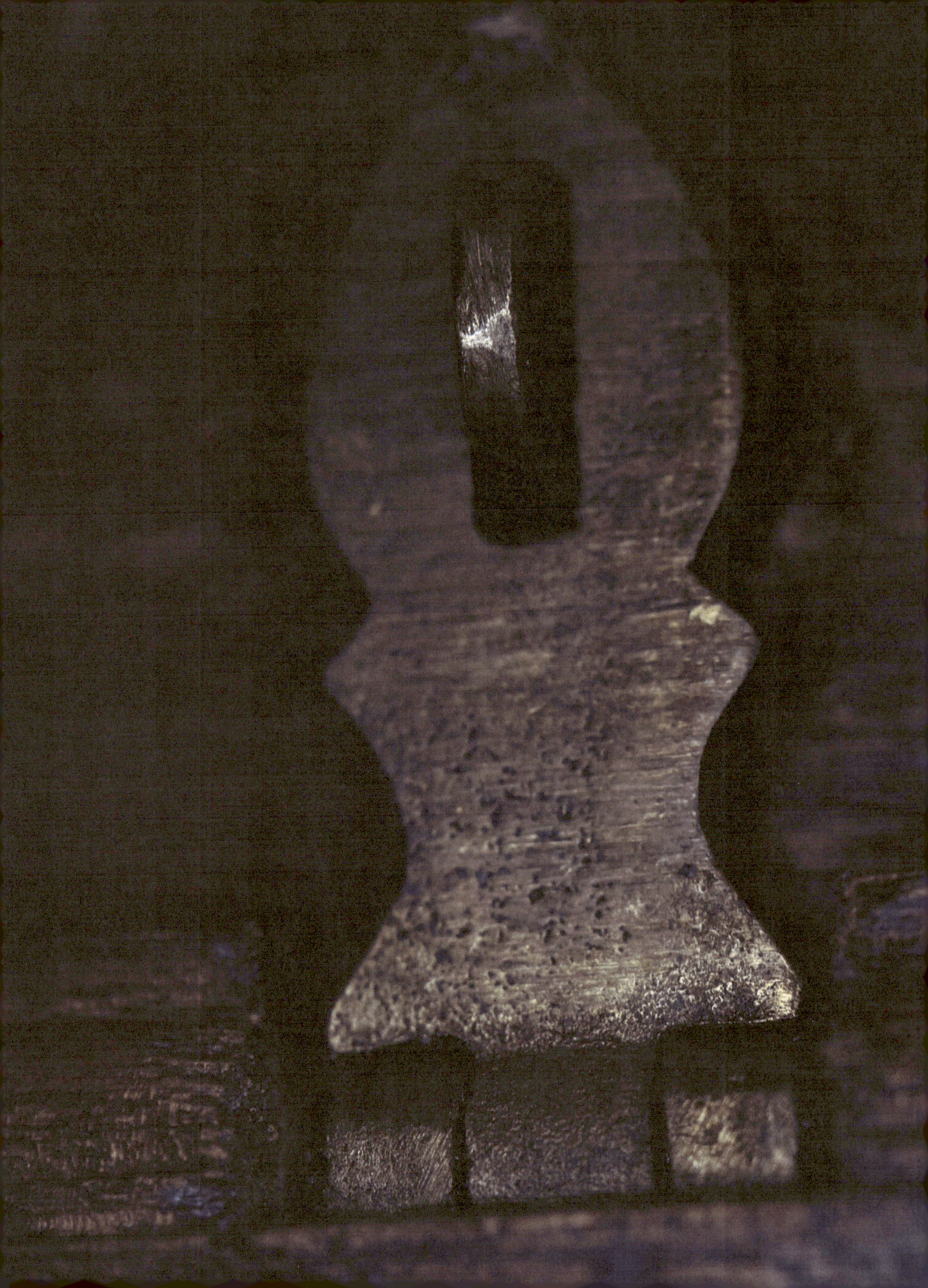

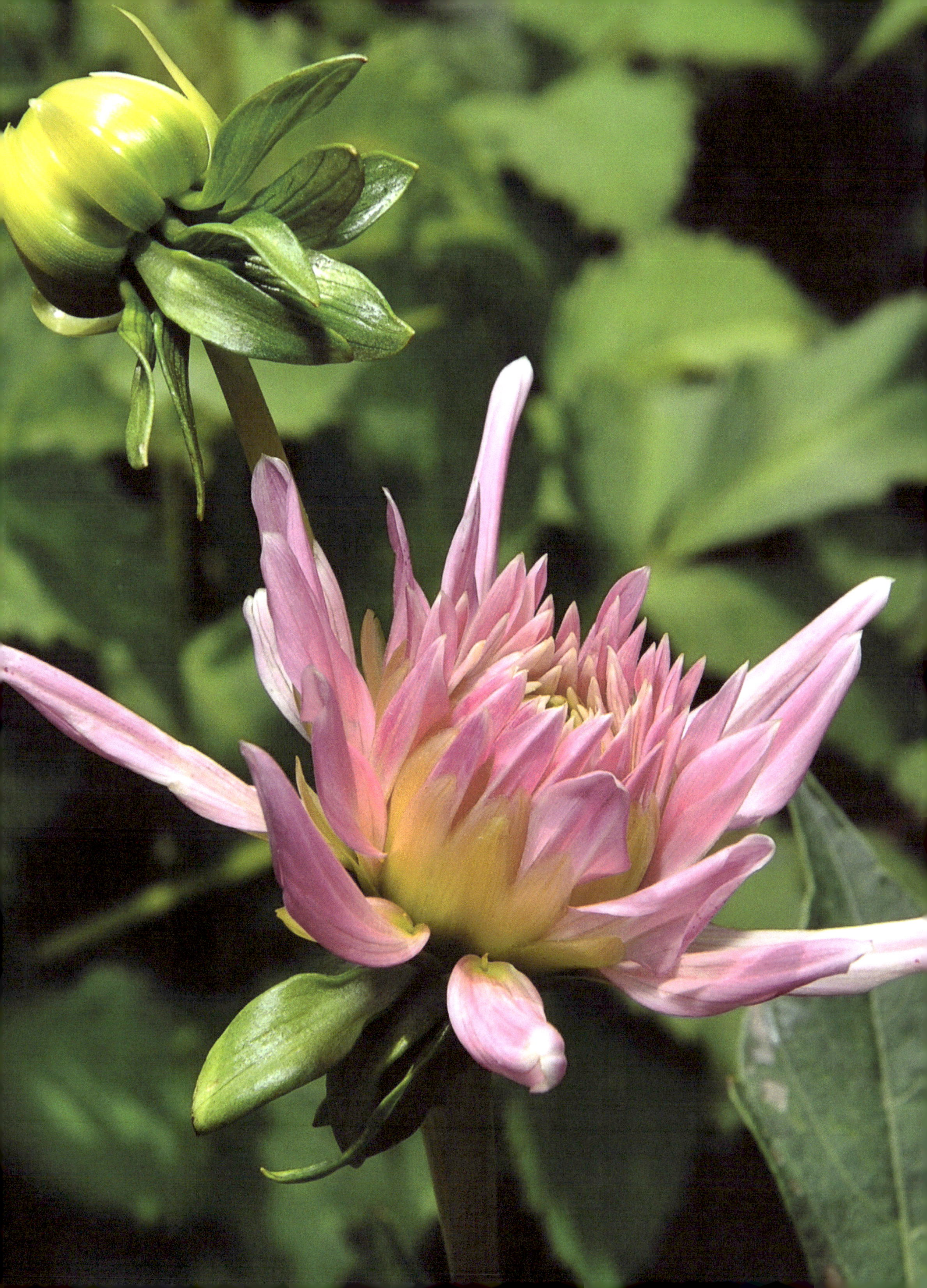

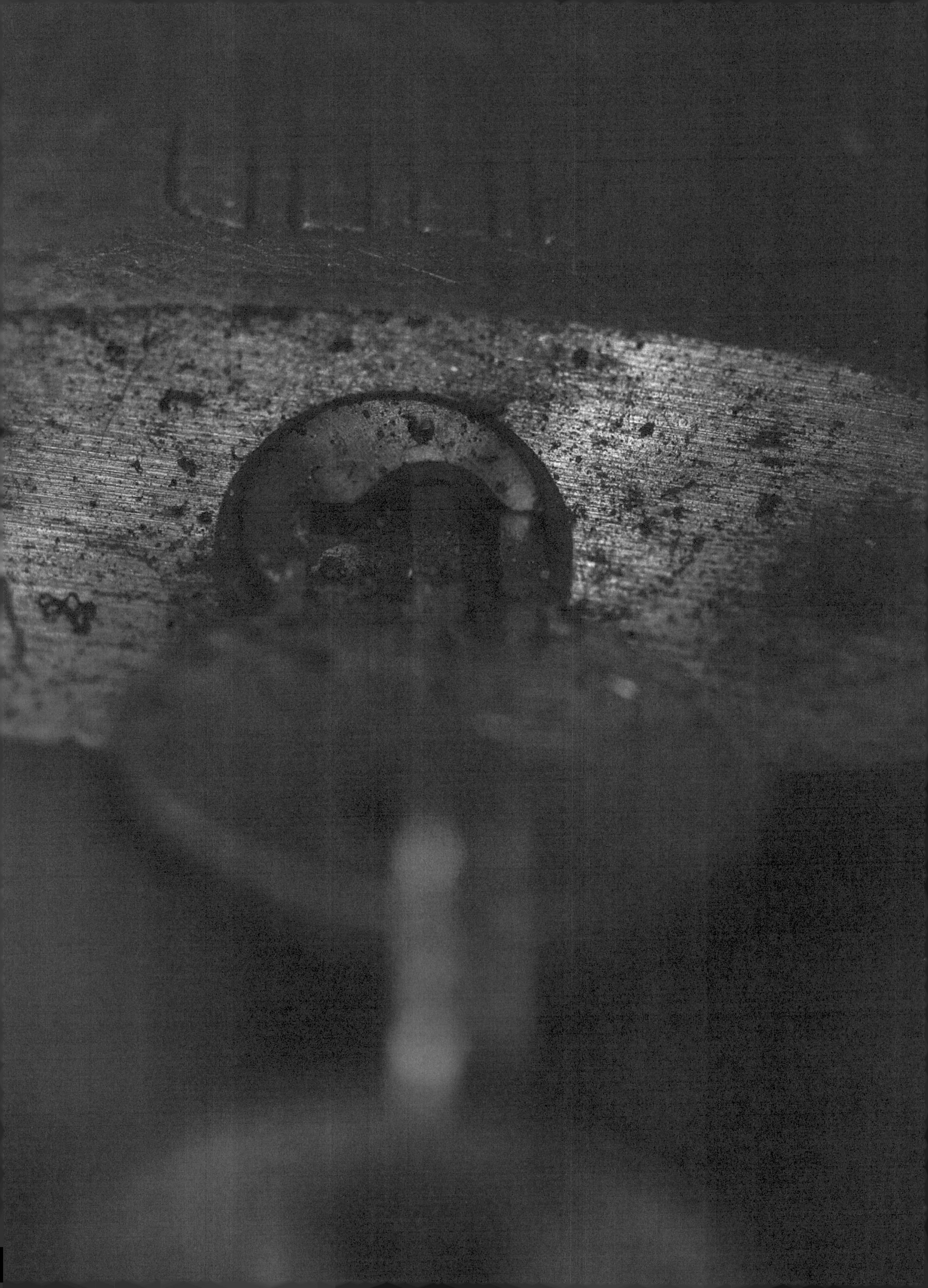

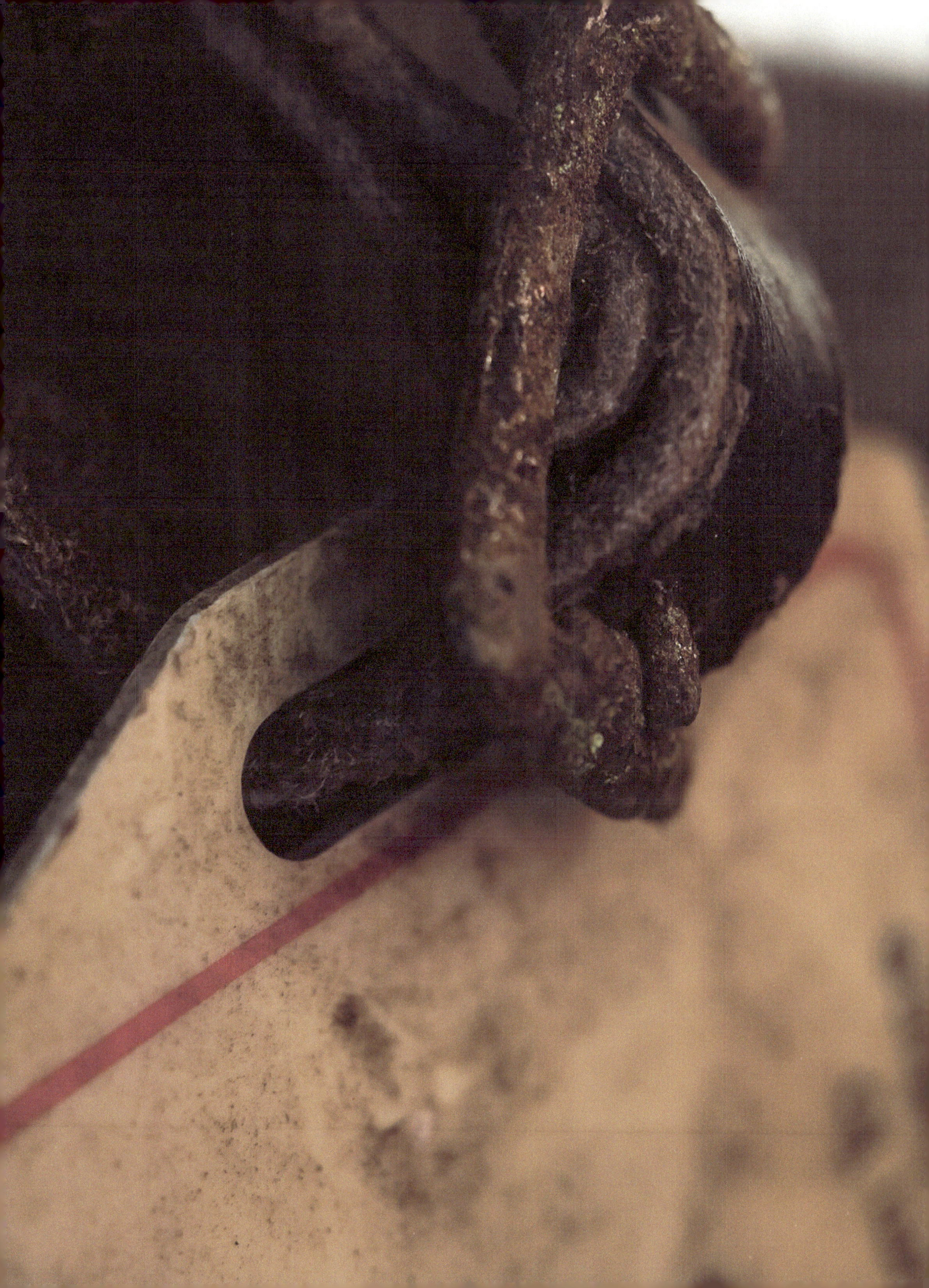

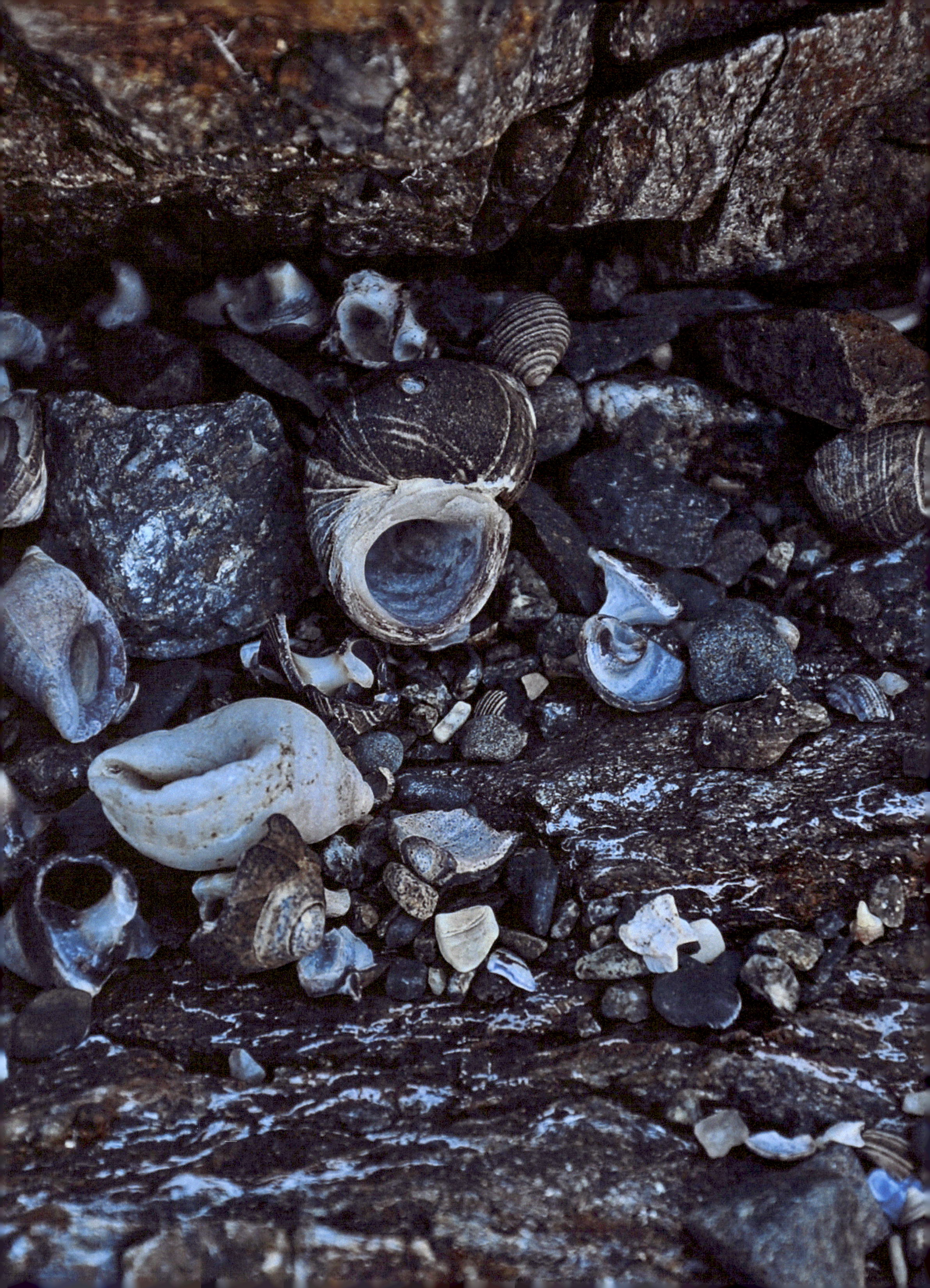

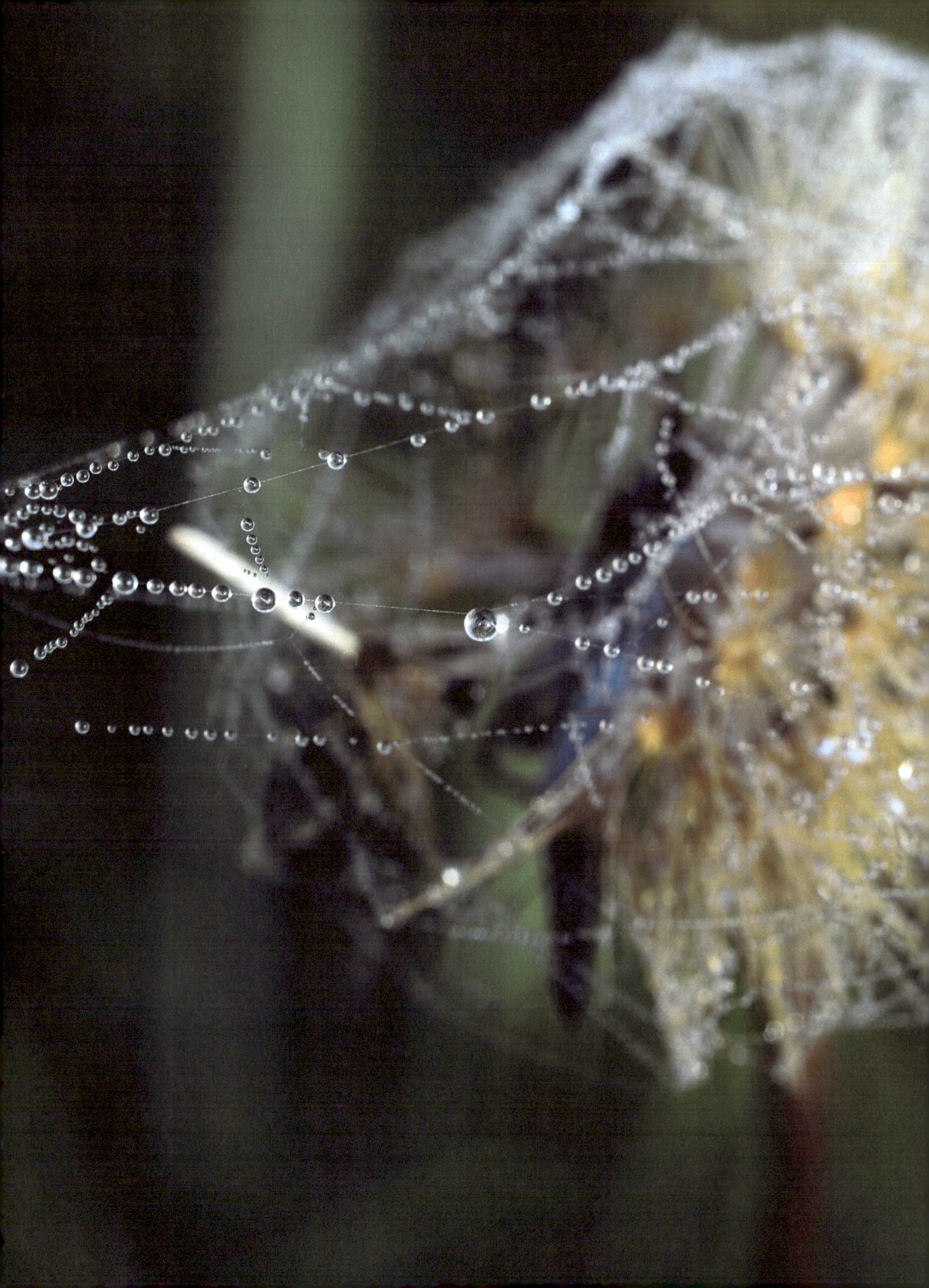

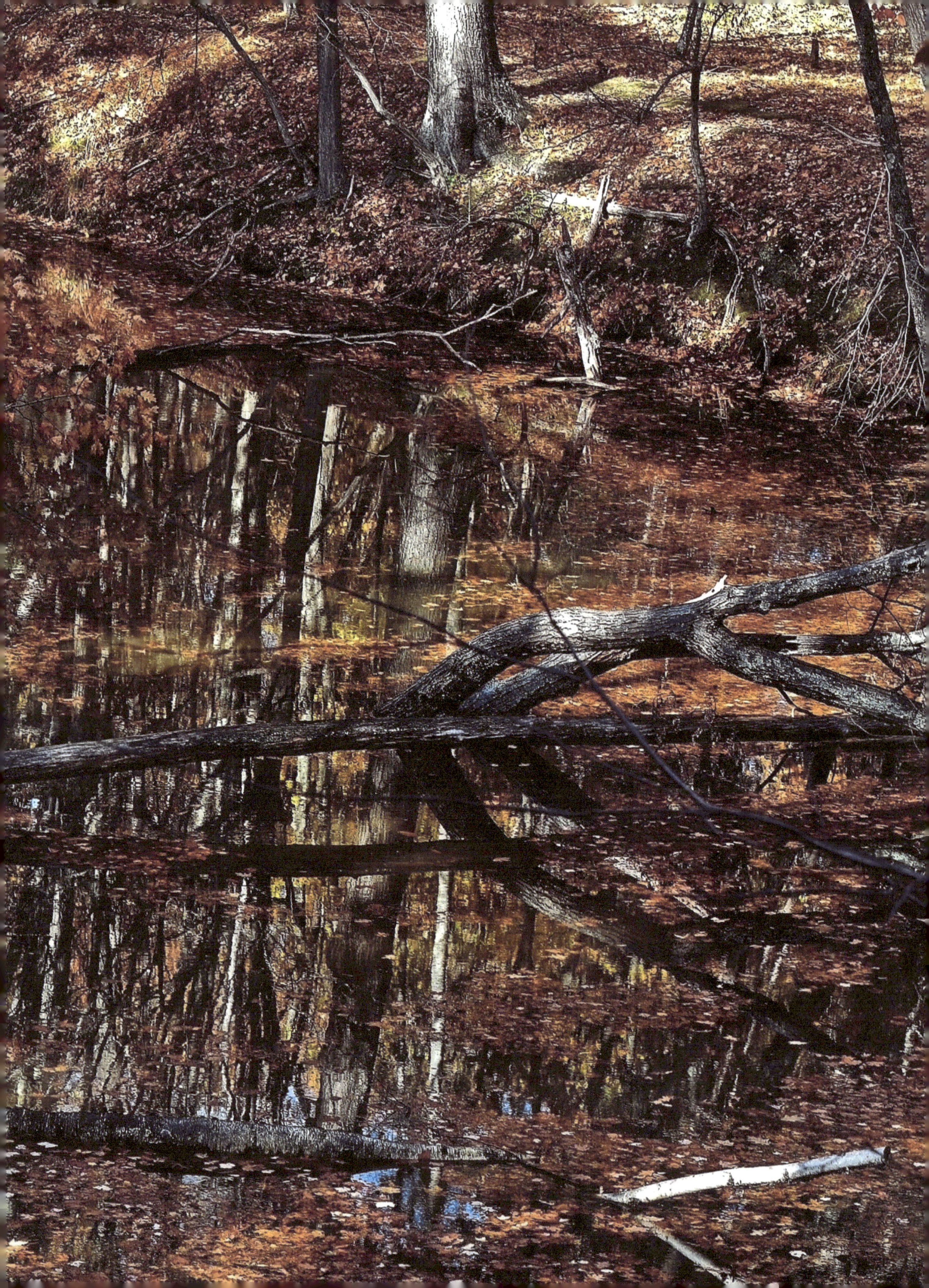

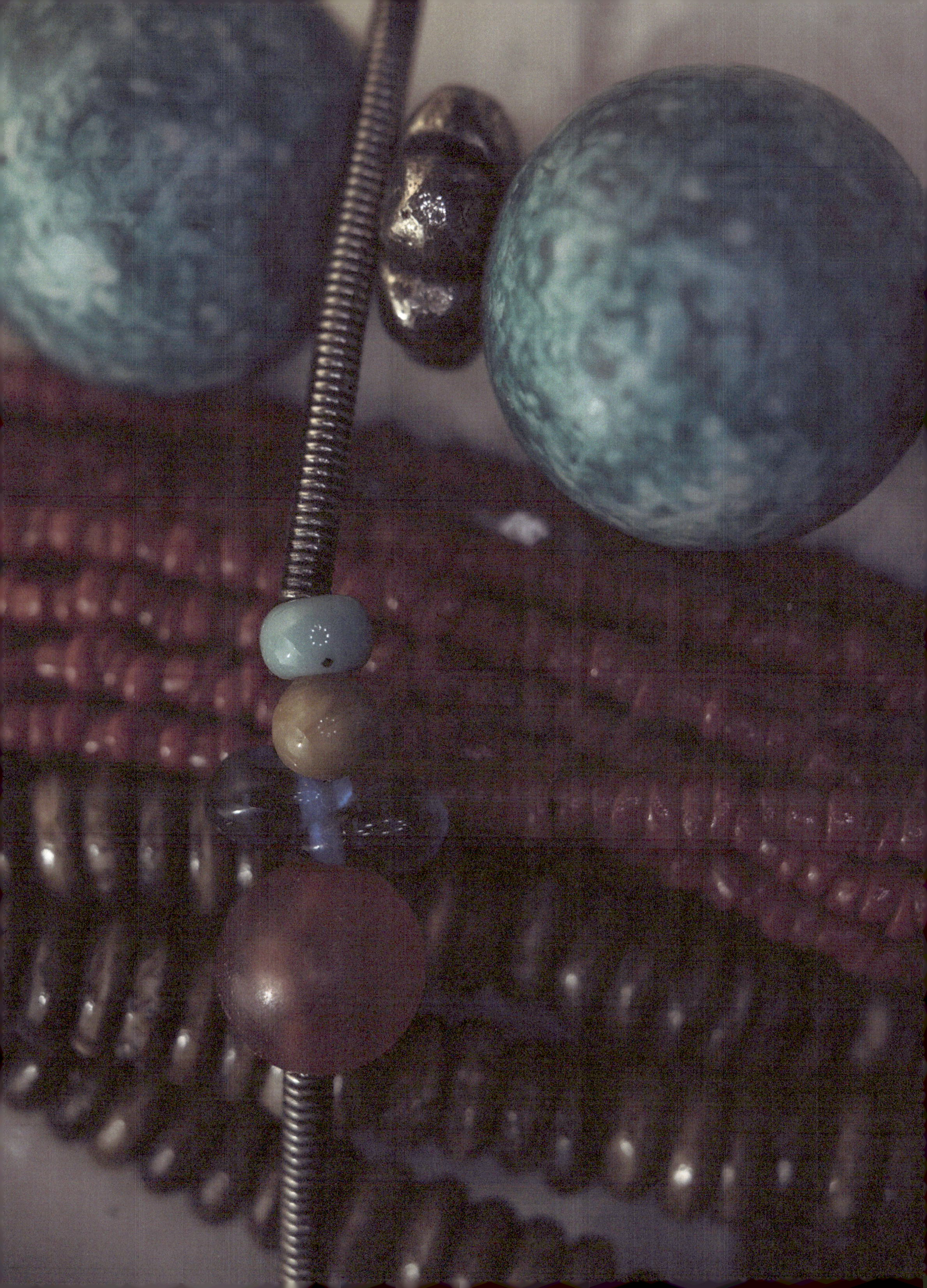

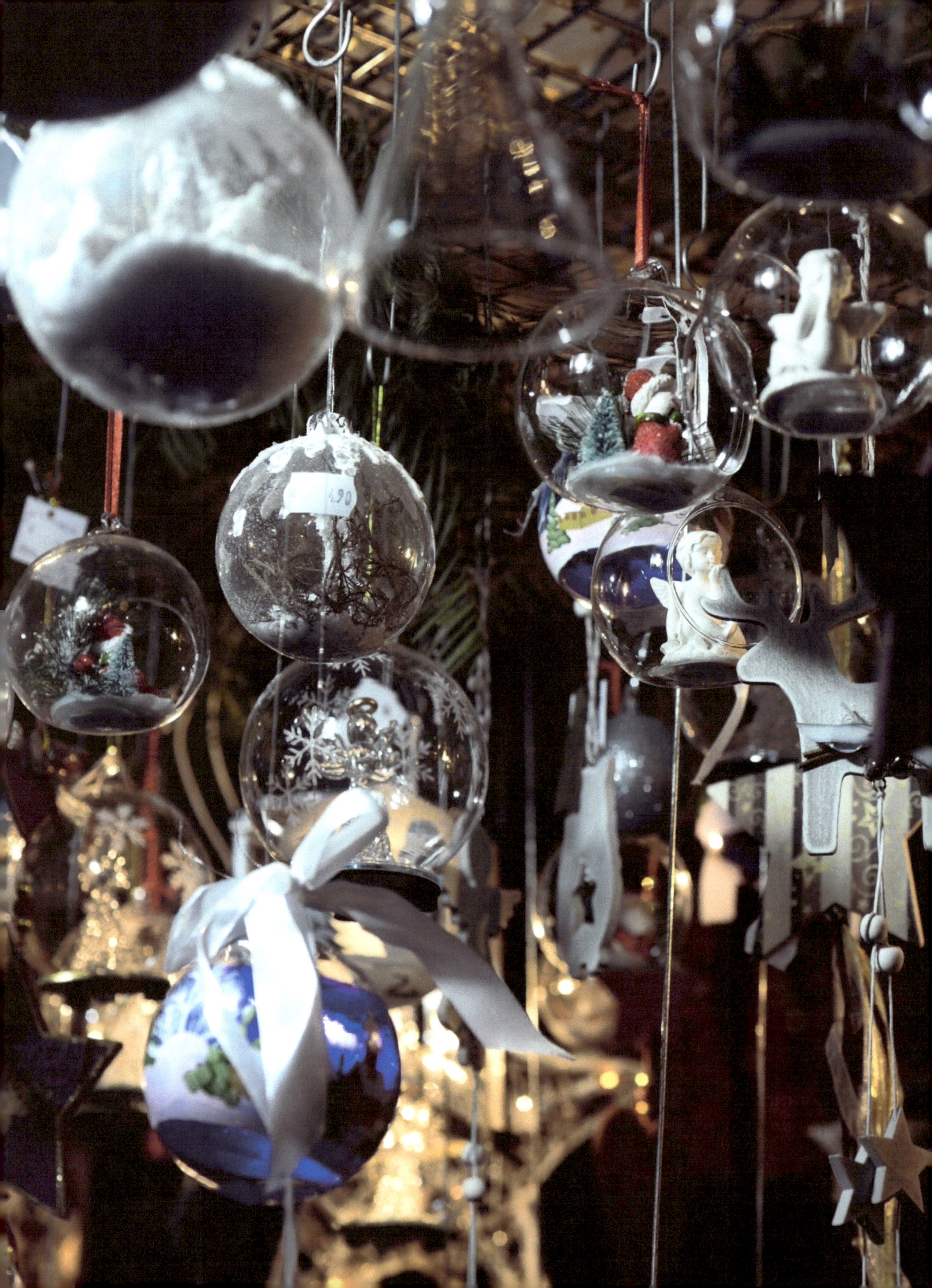
4.90

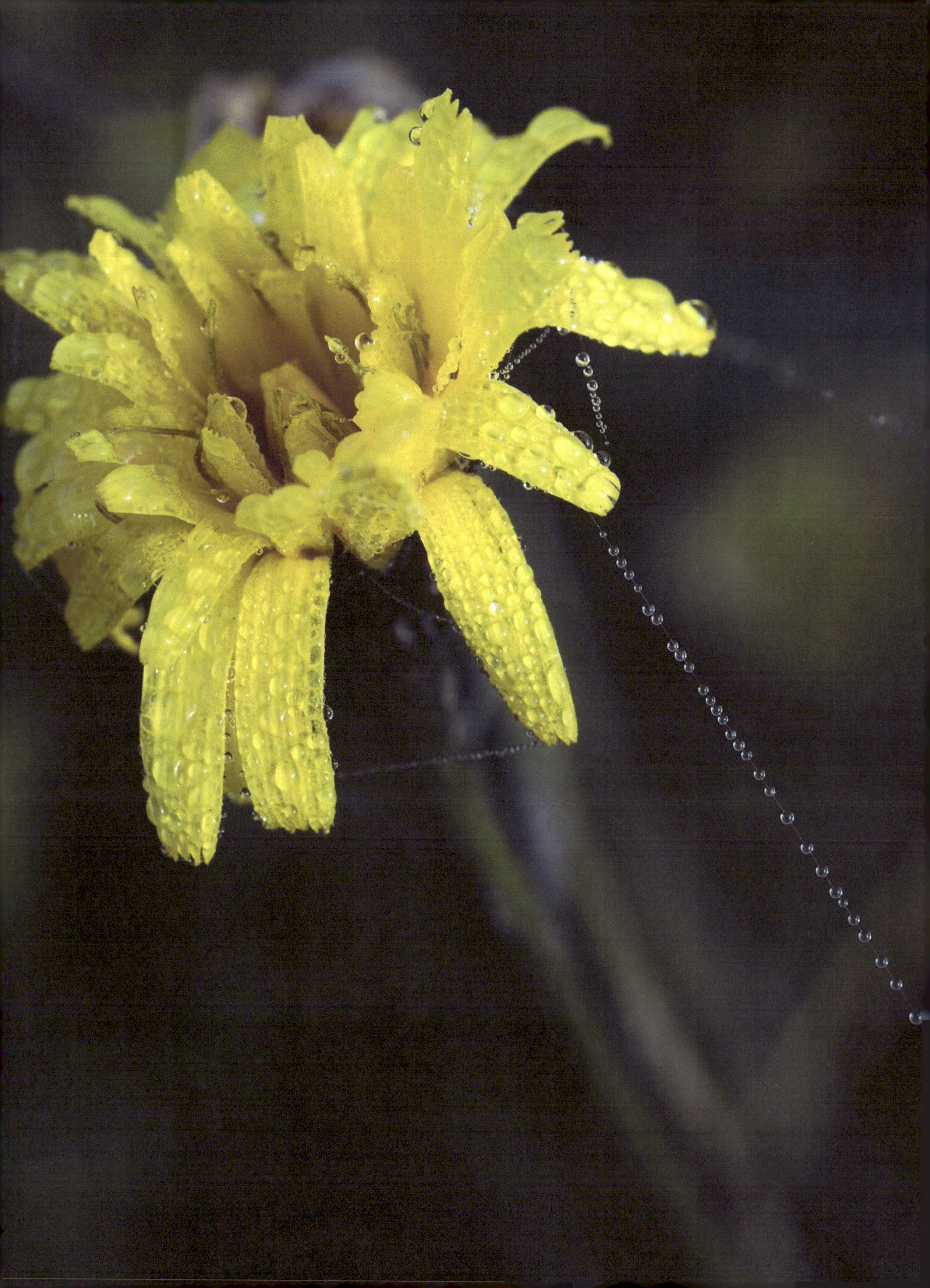

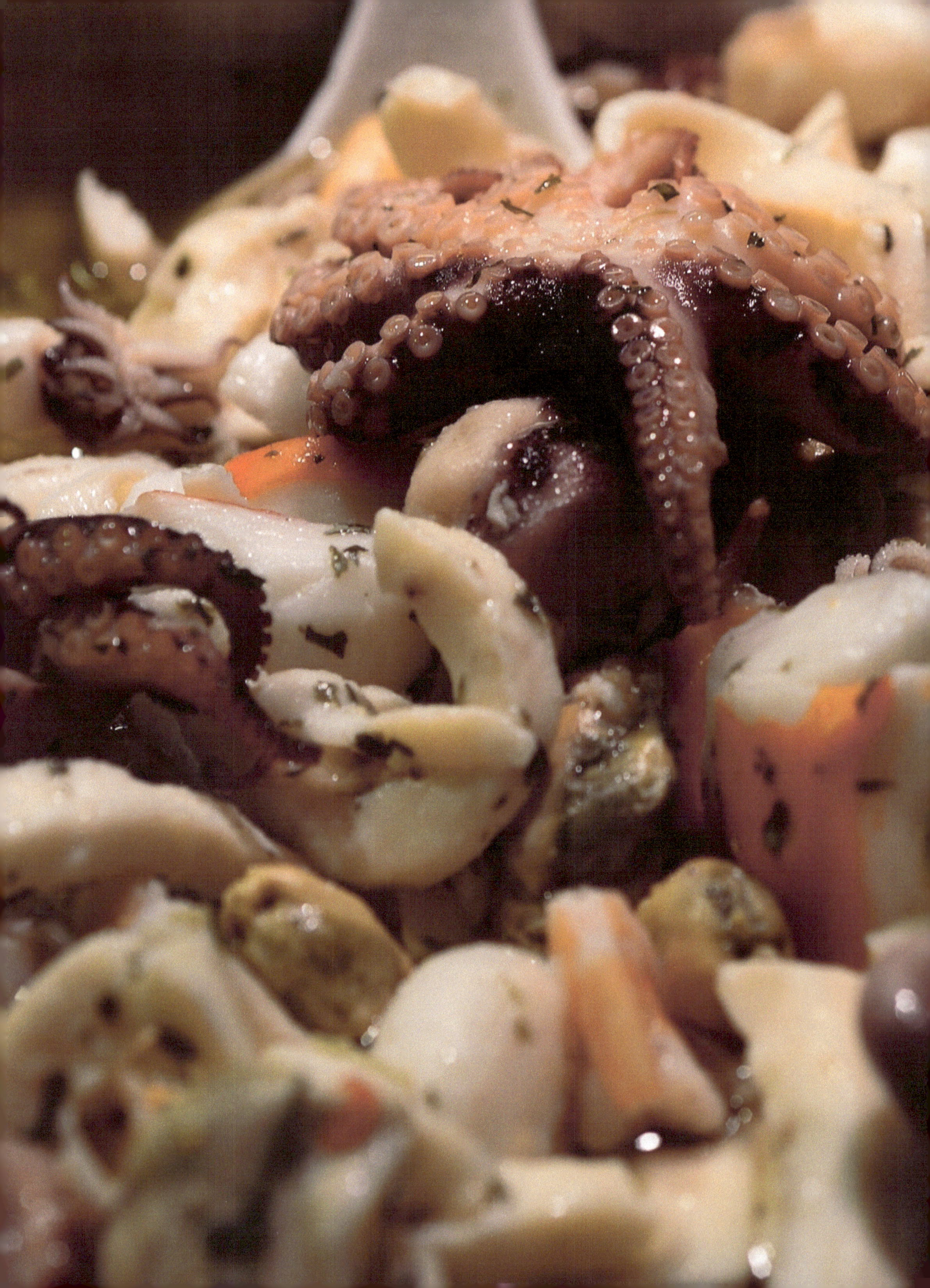

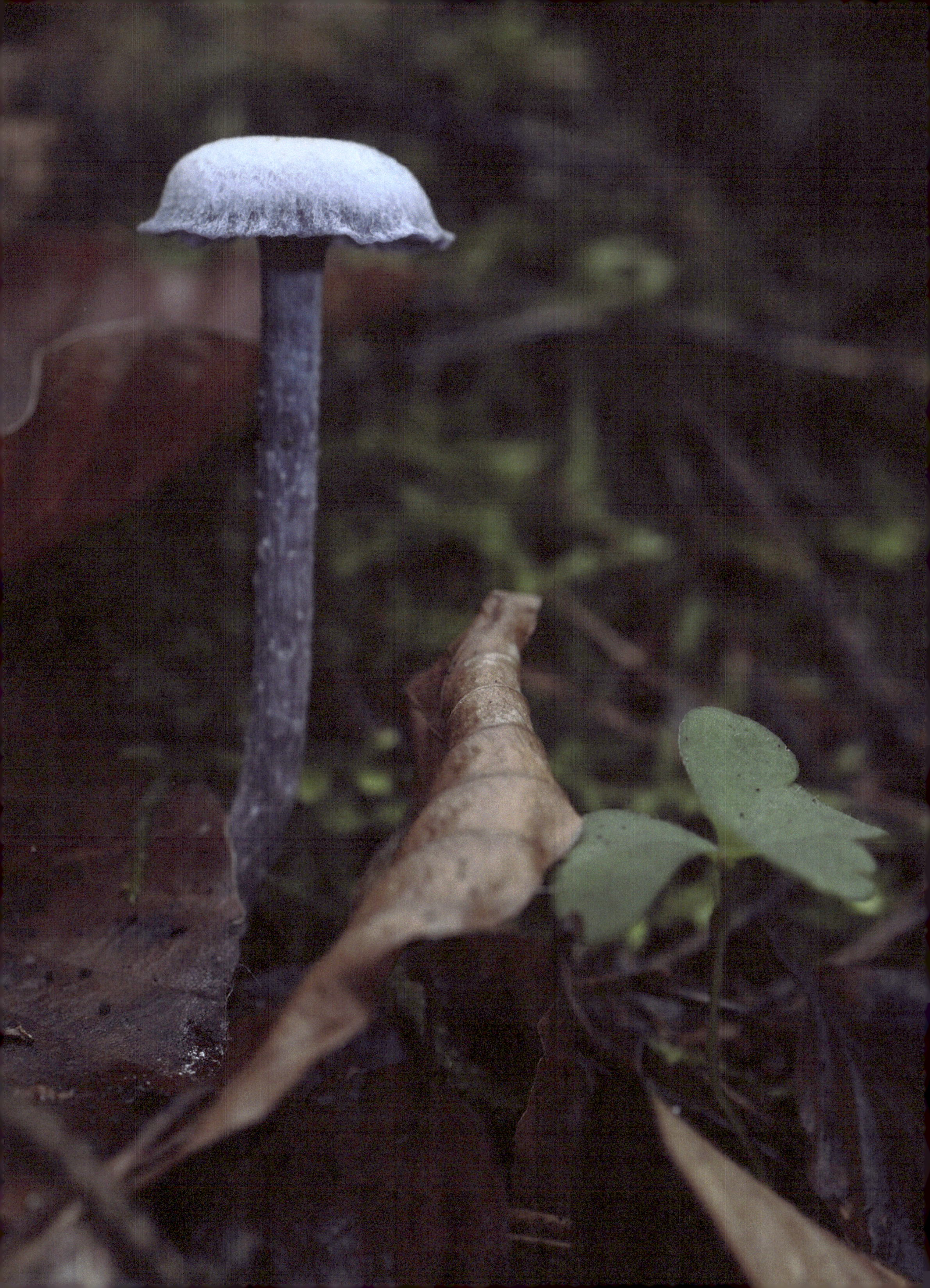

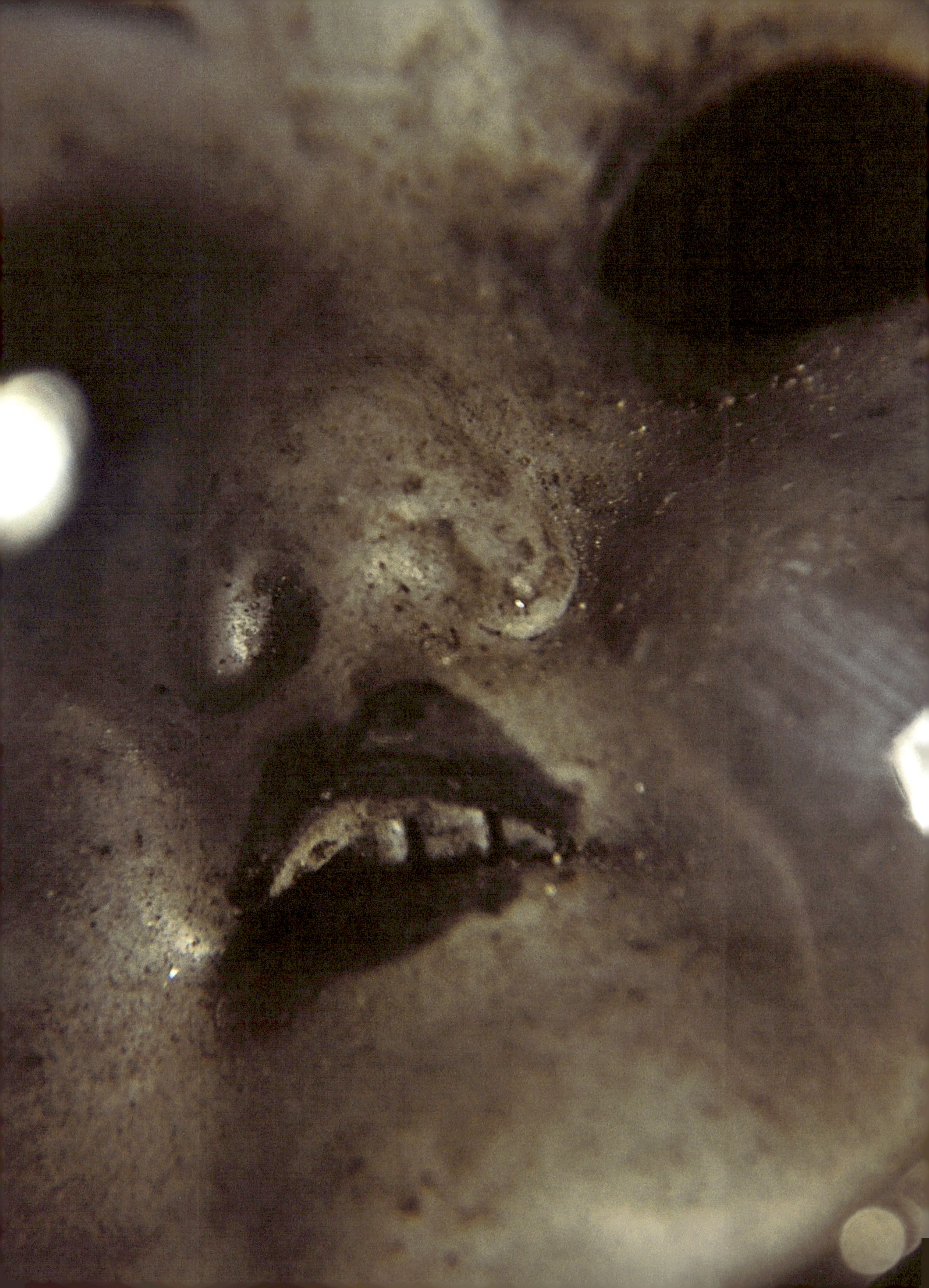

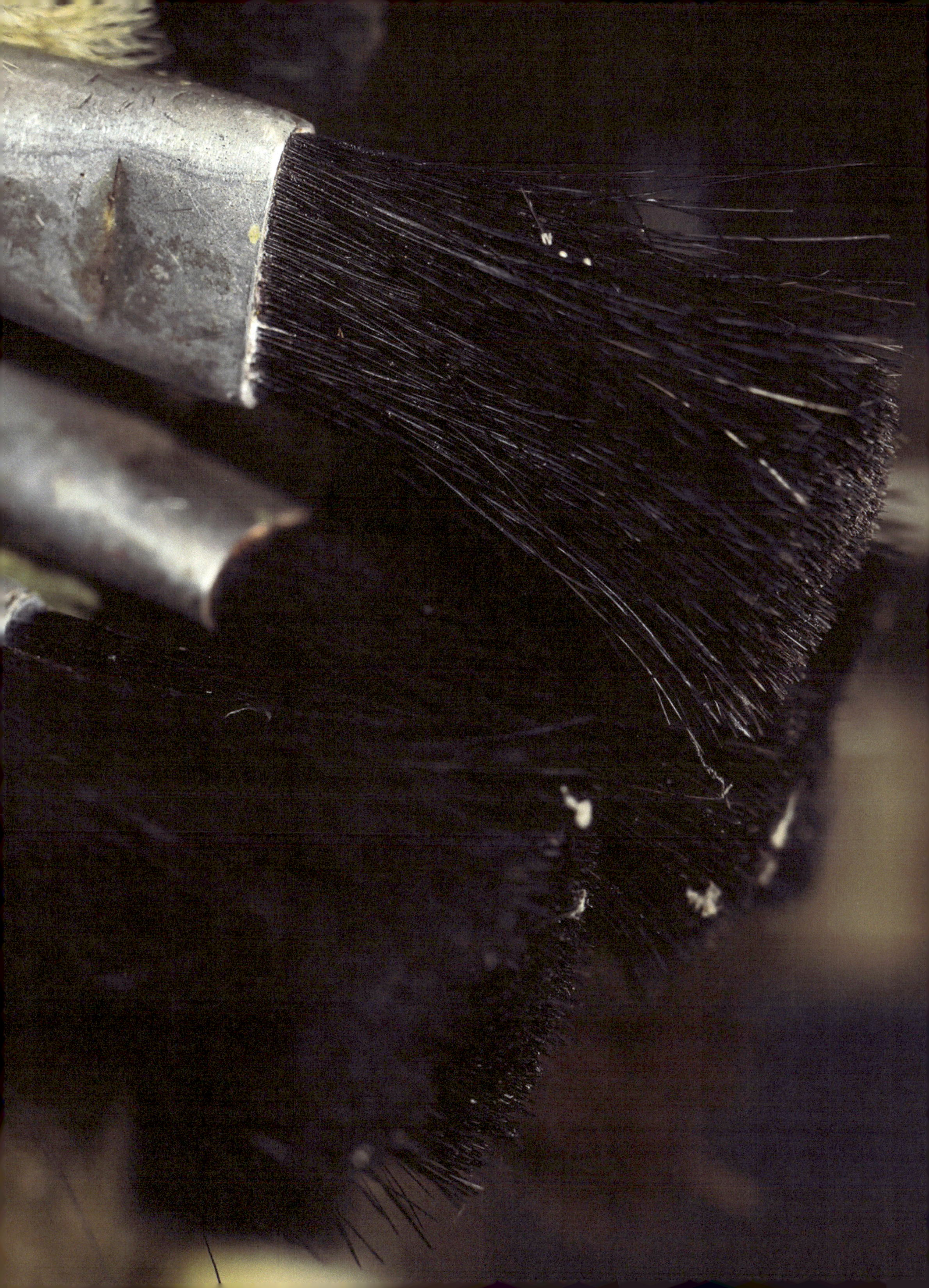

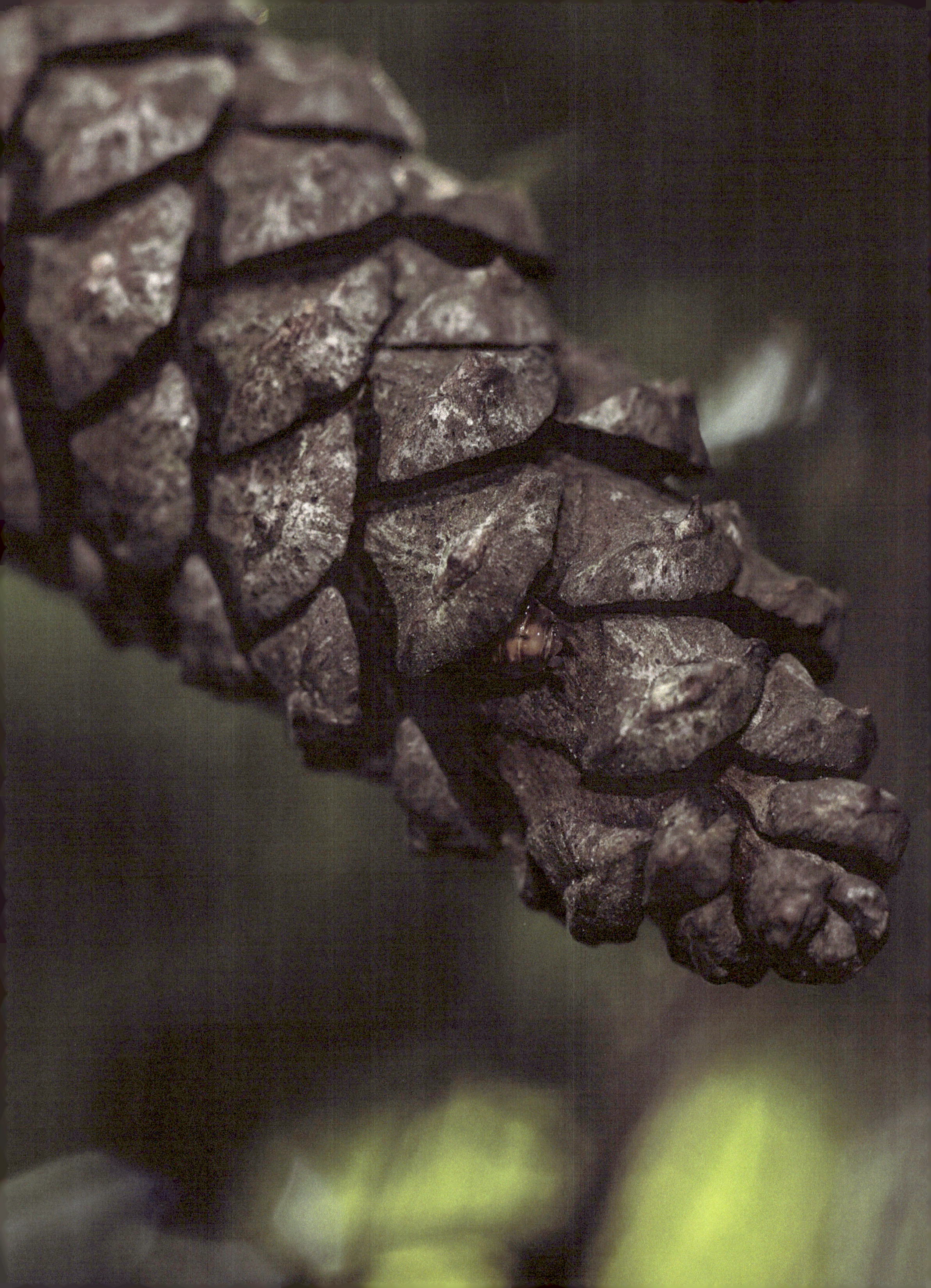

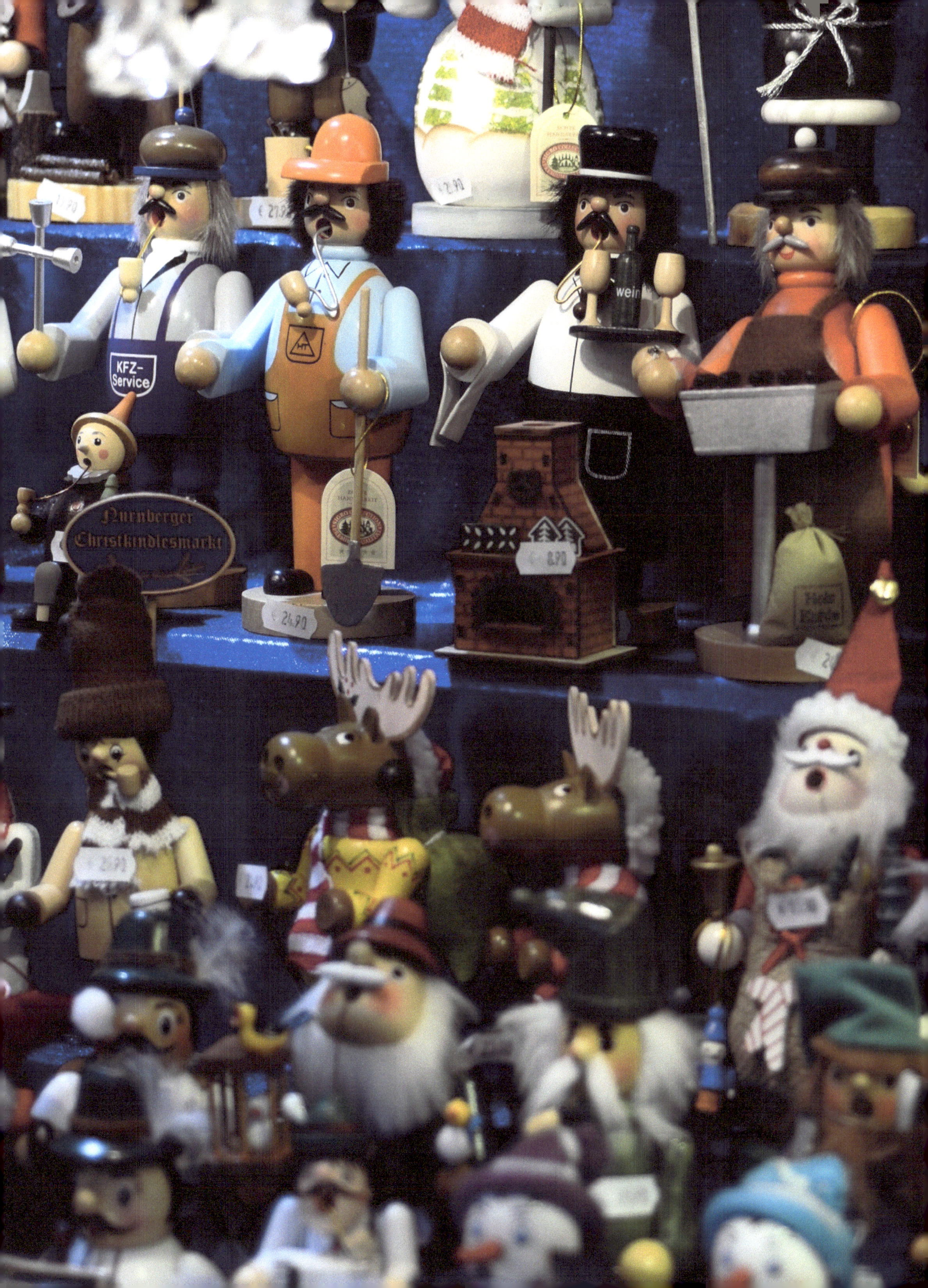
KFZ-
Service
wein
Nurnberger
Christkindlesmarkt

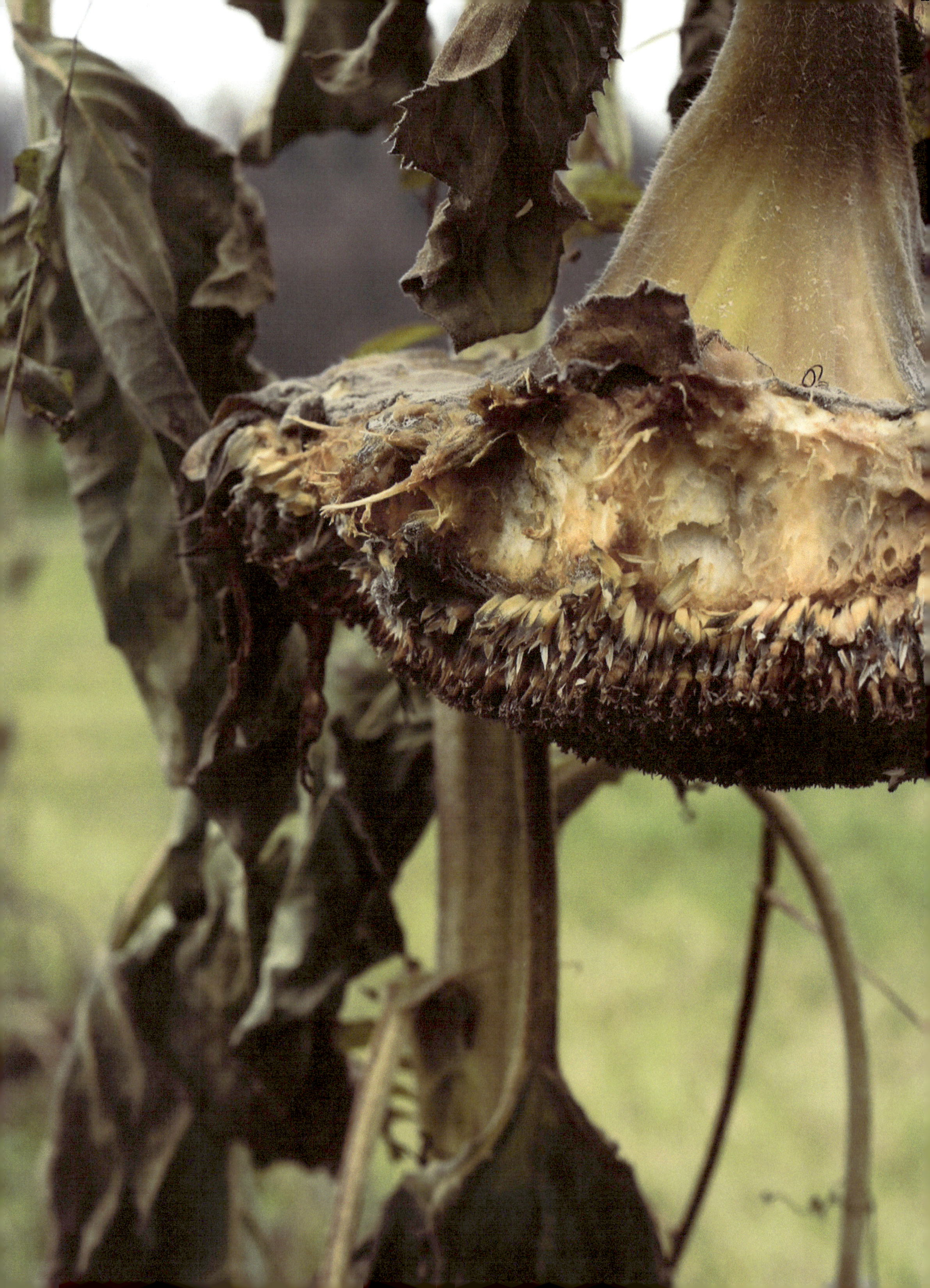

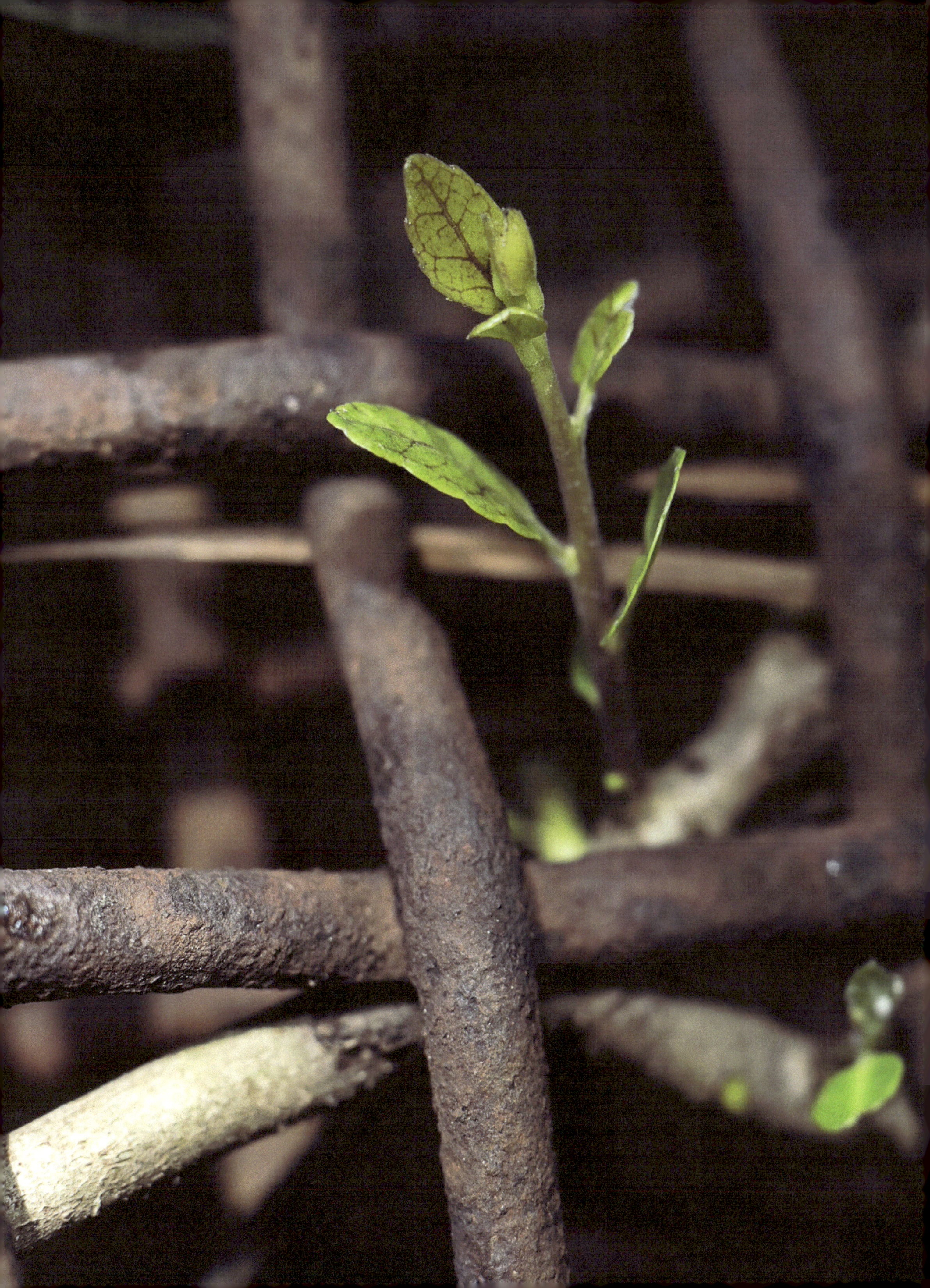

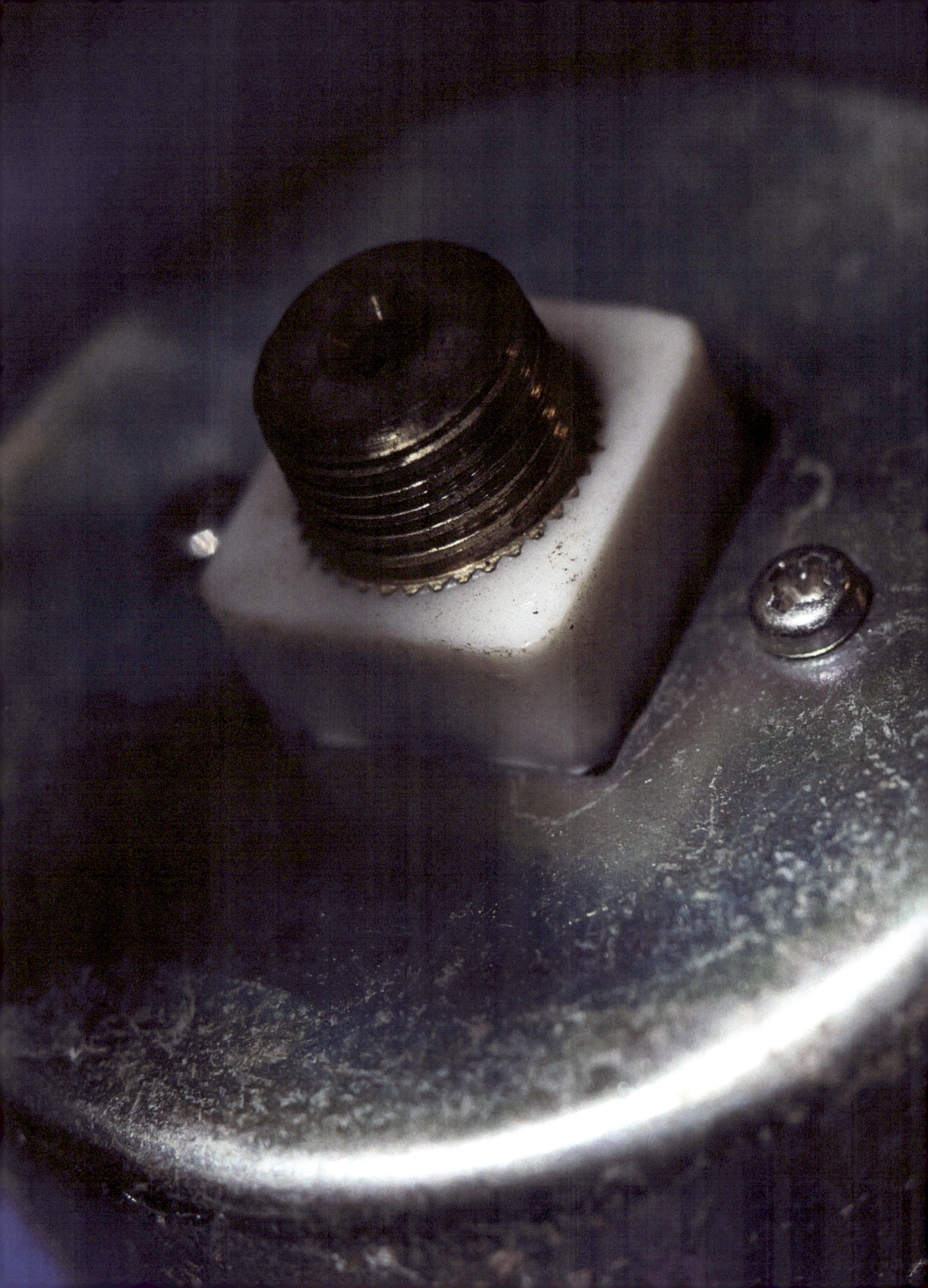

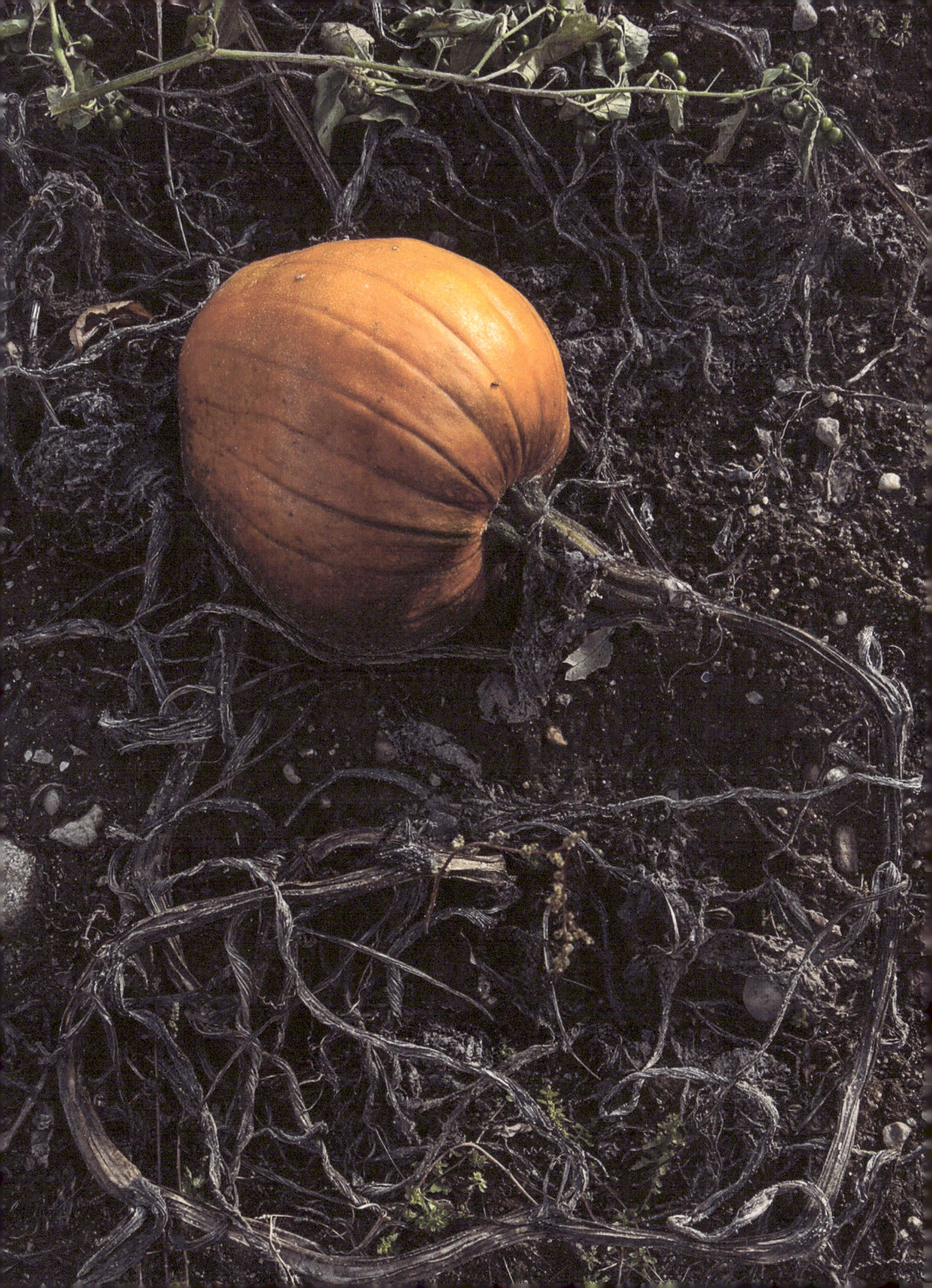

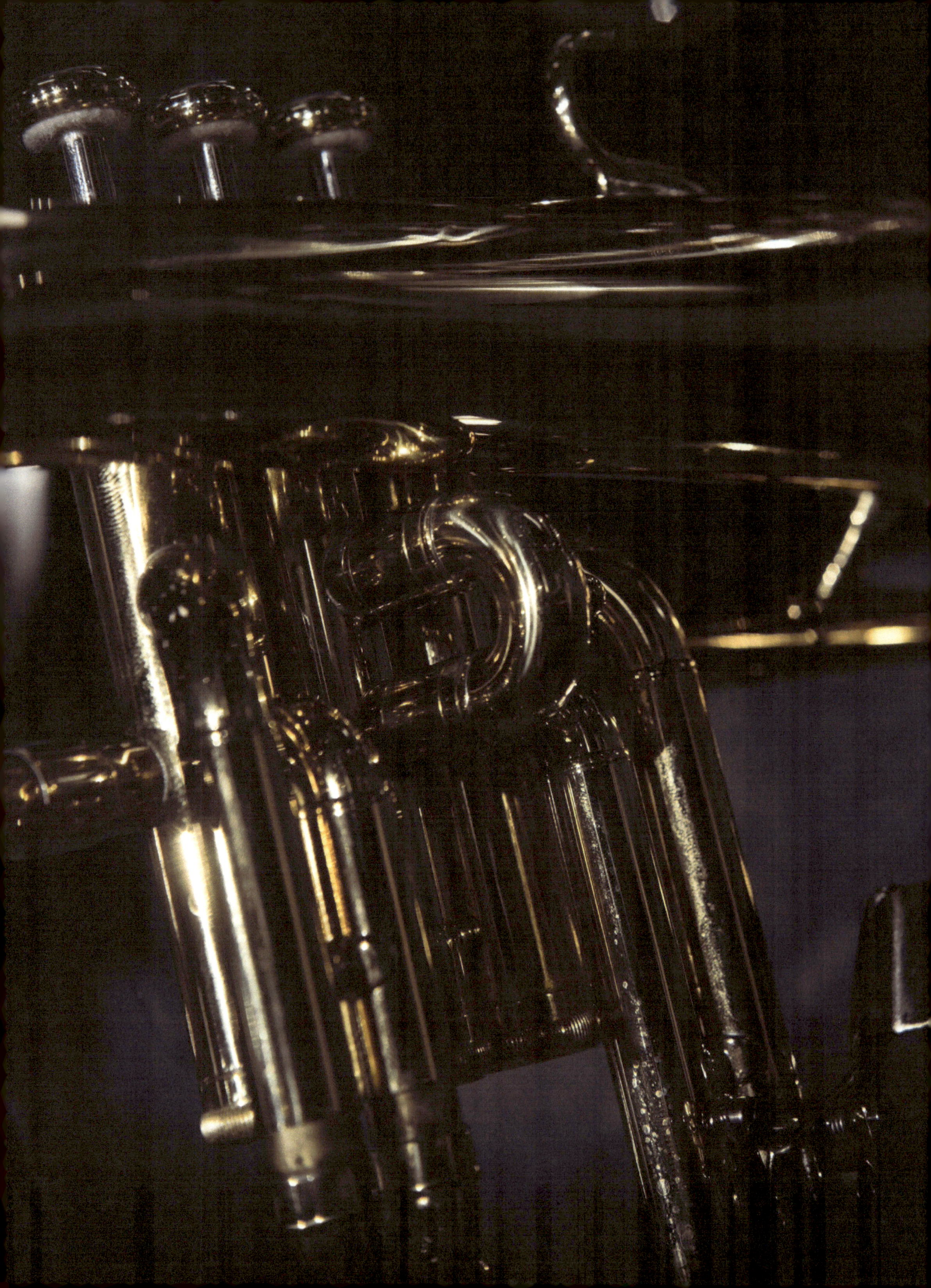

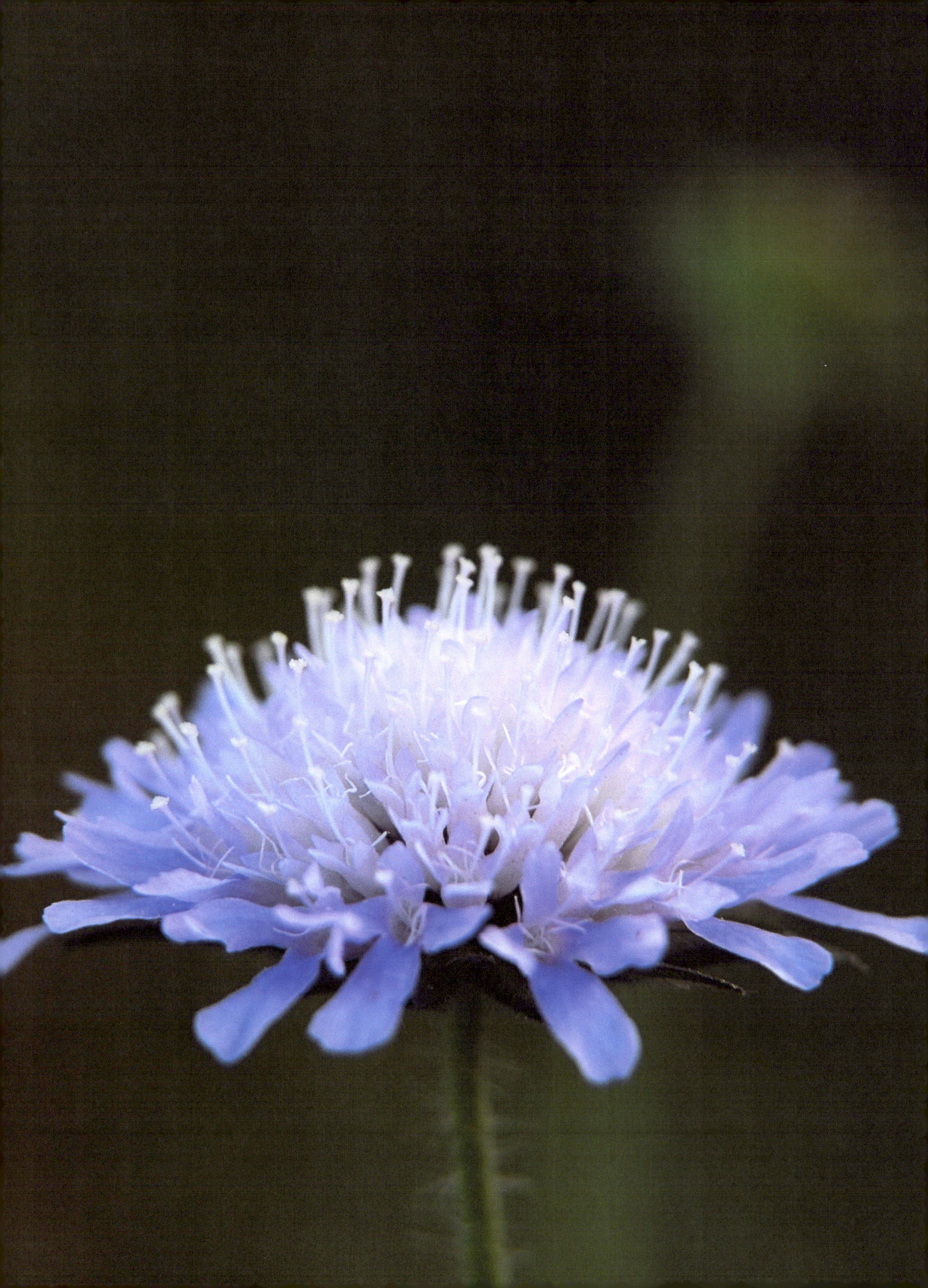

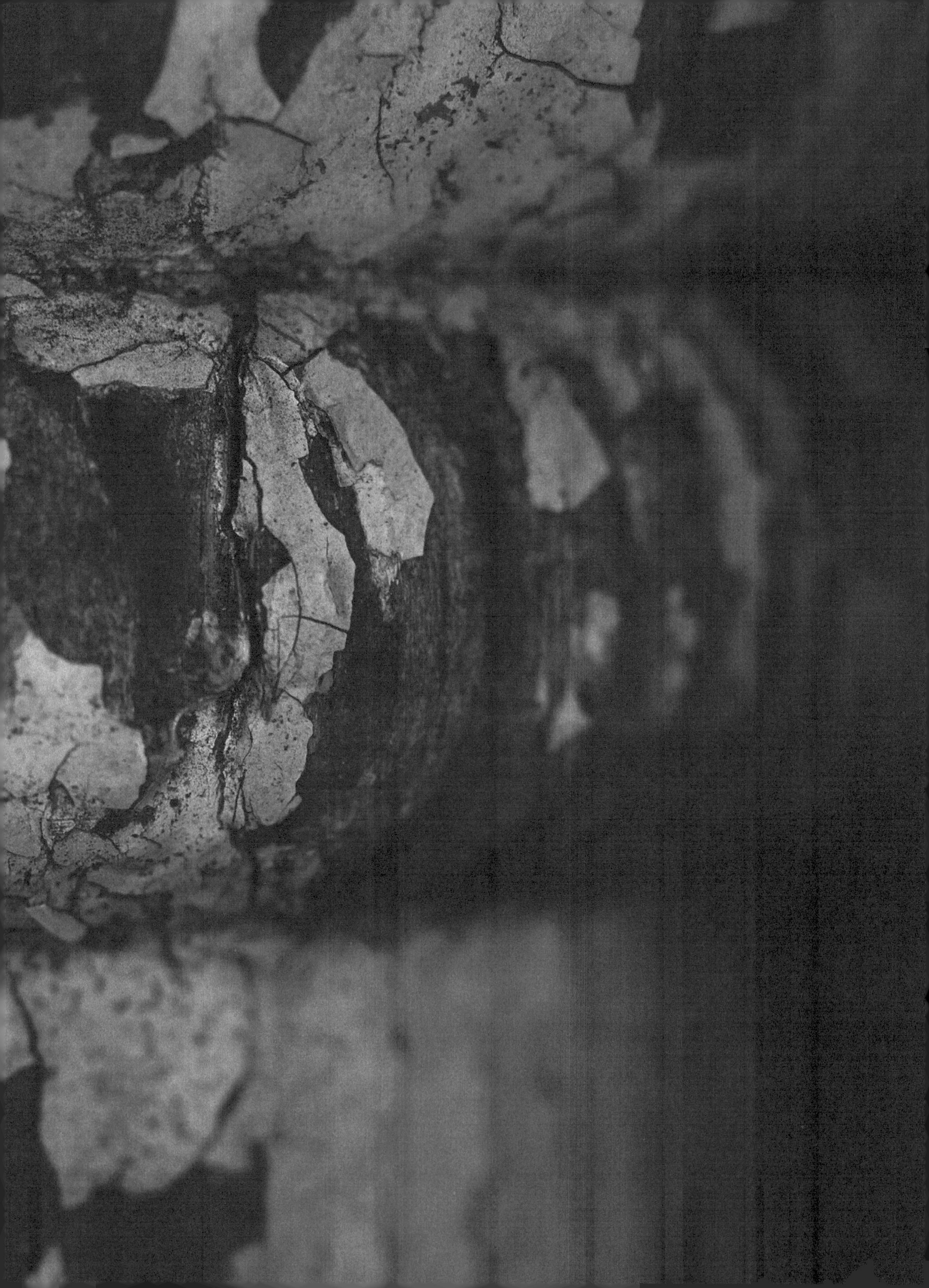

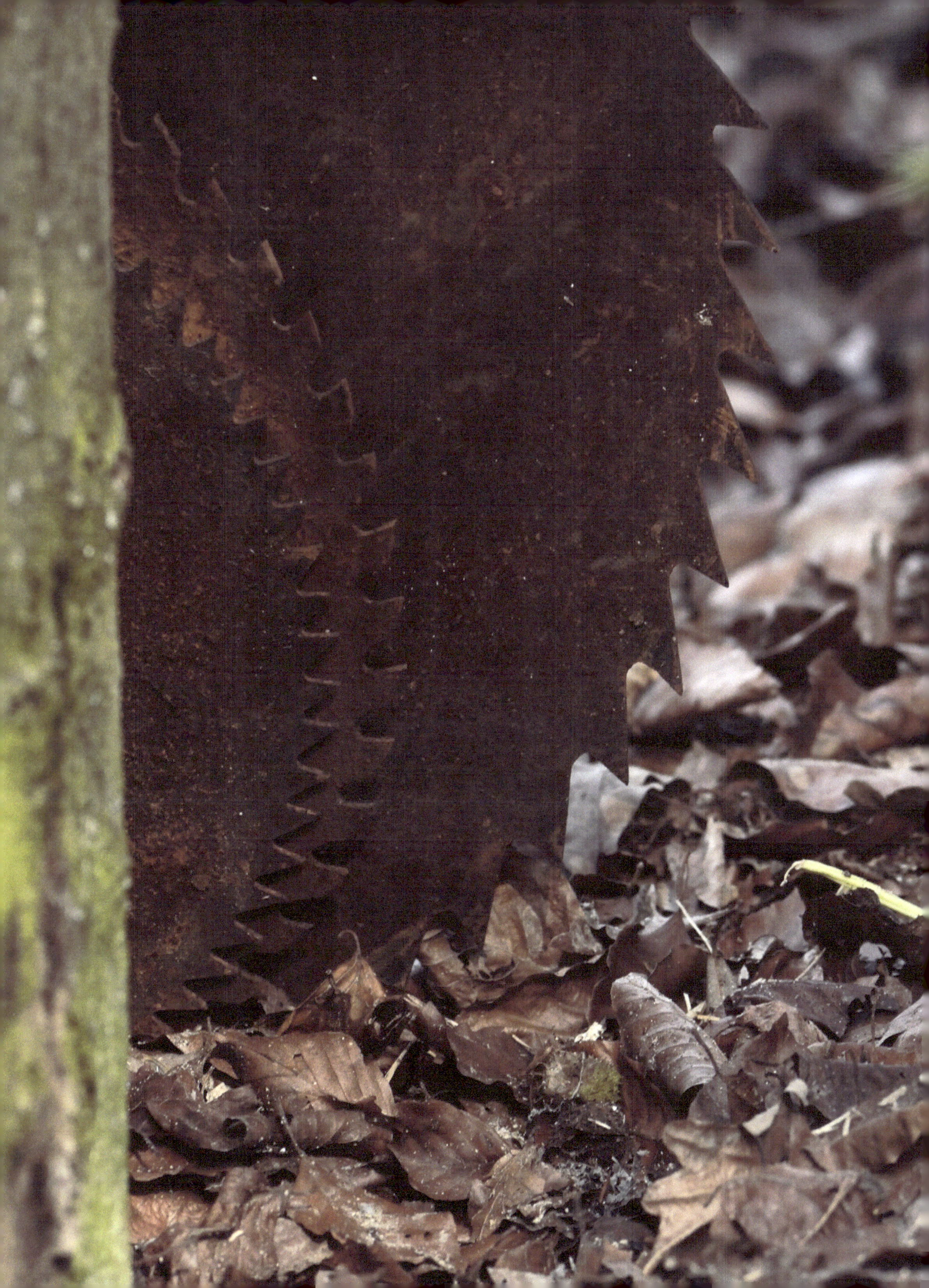

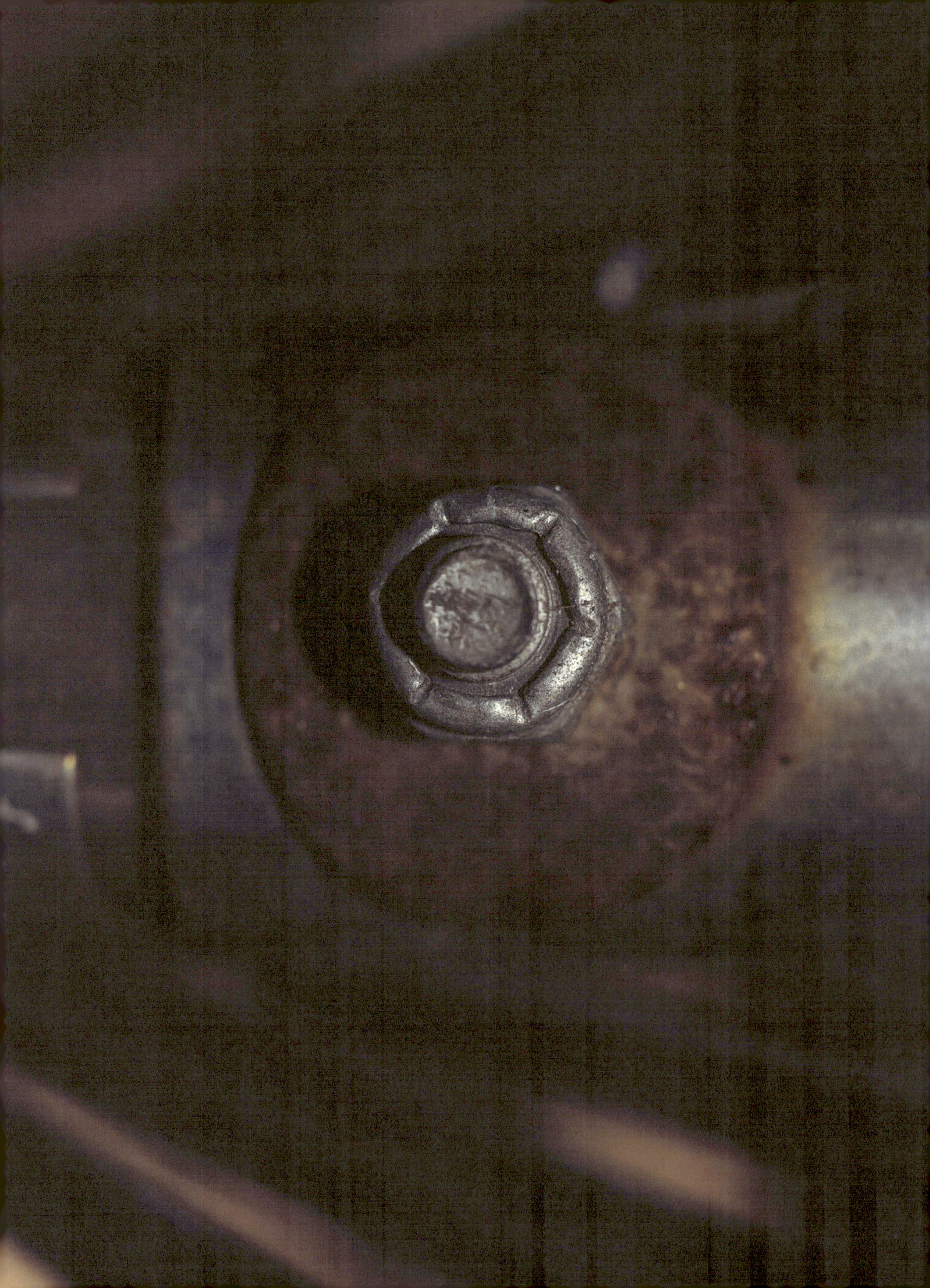

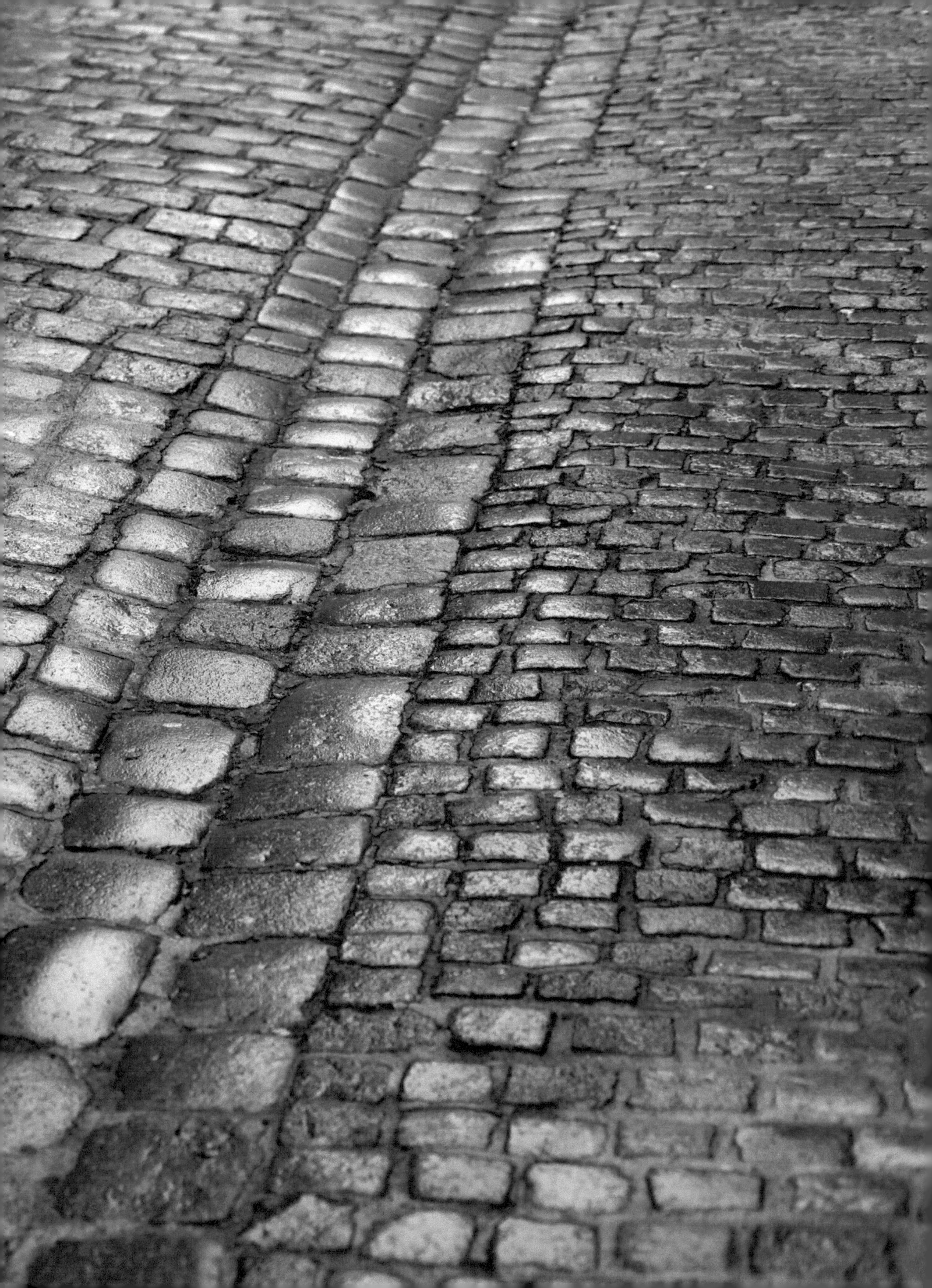

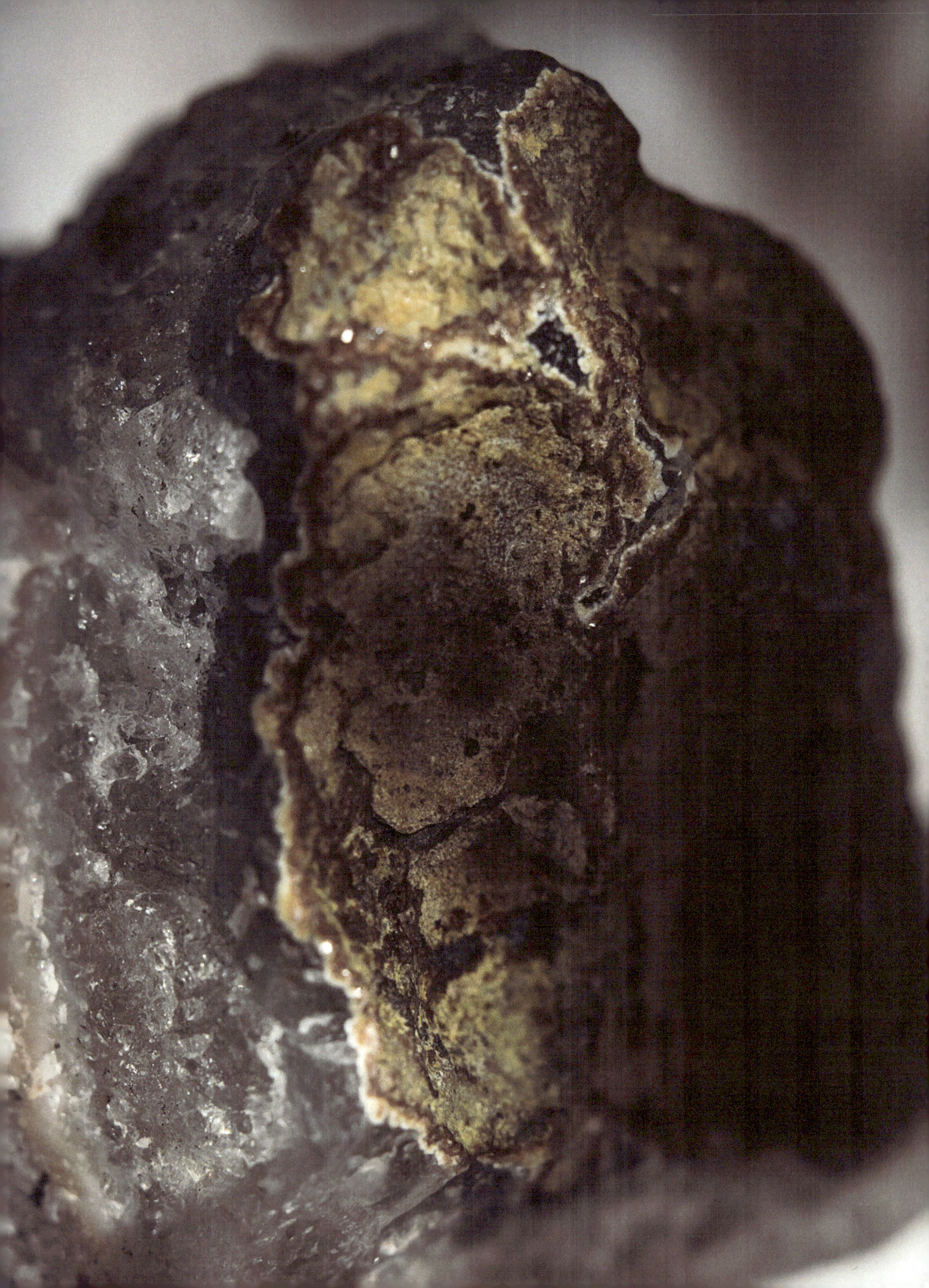

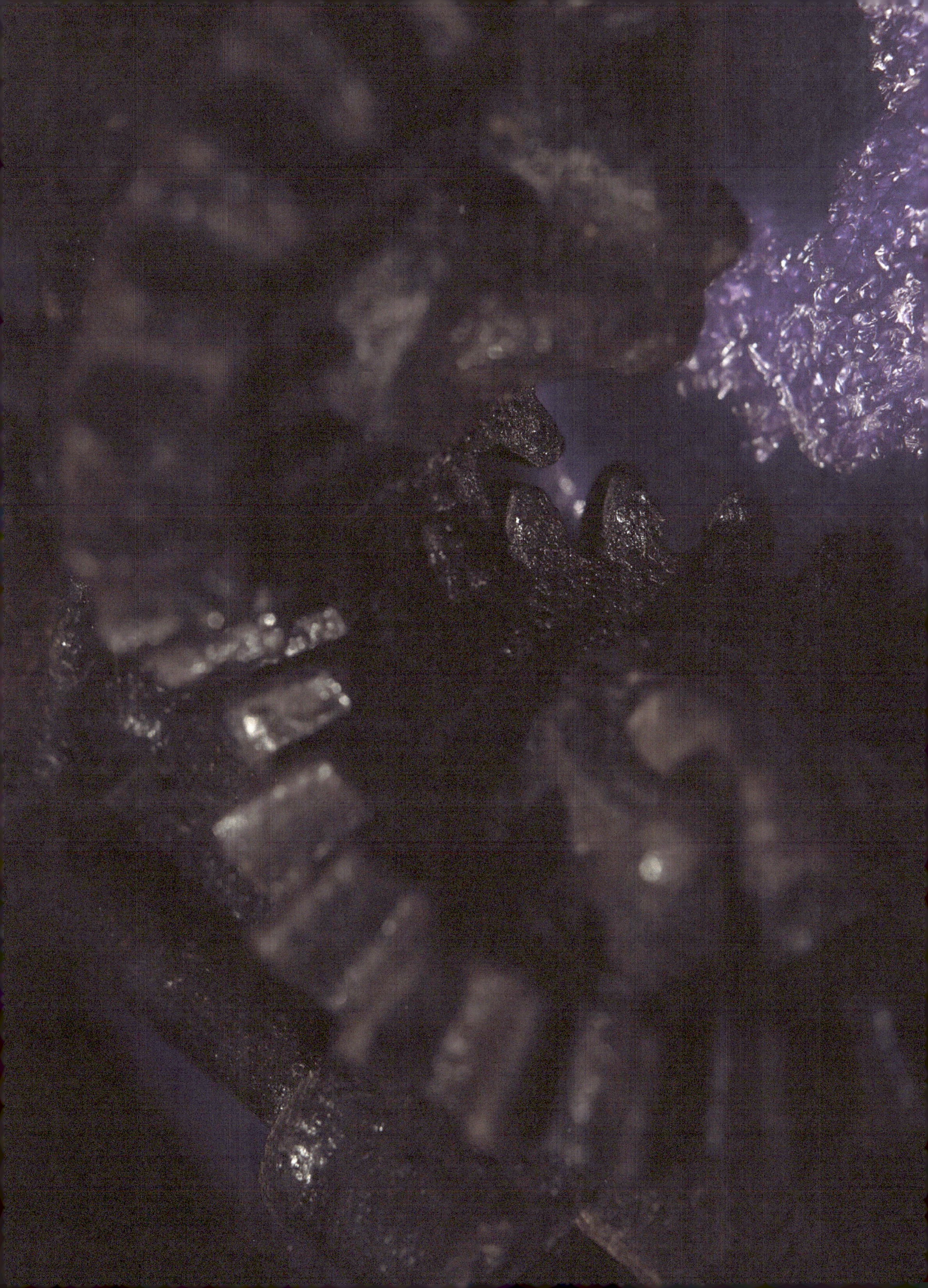

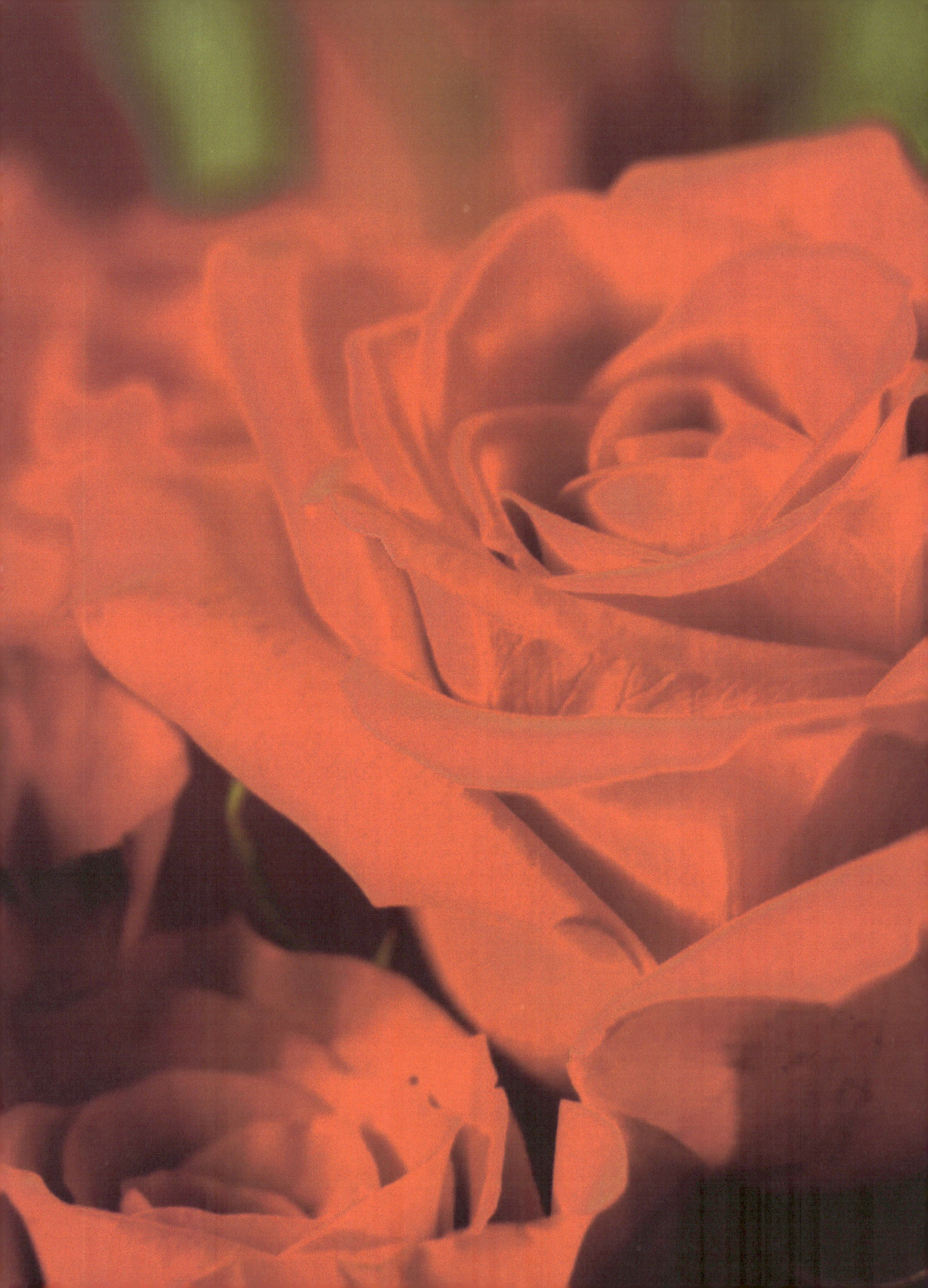

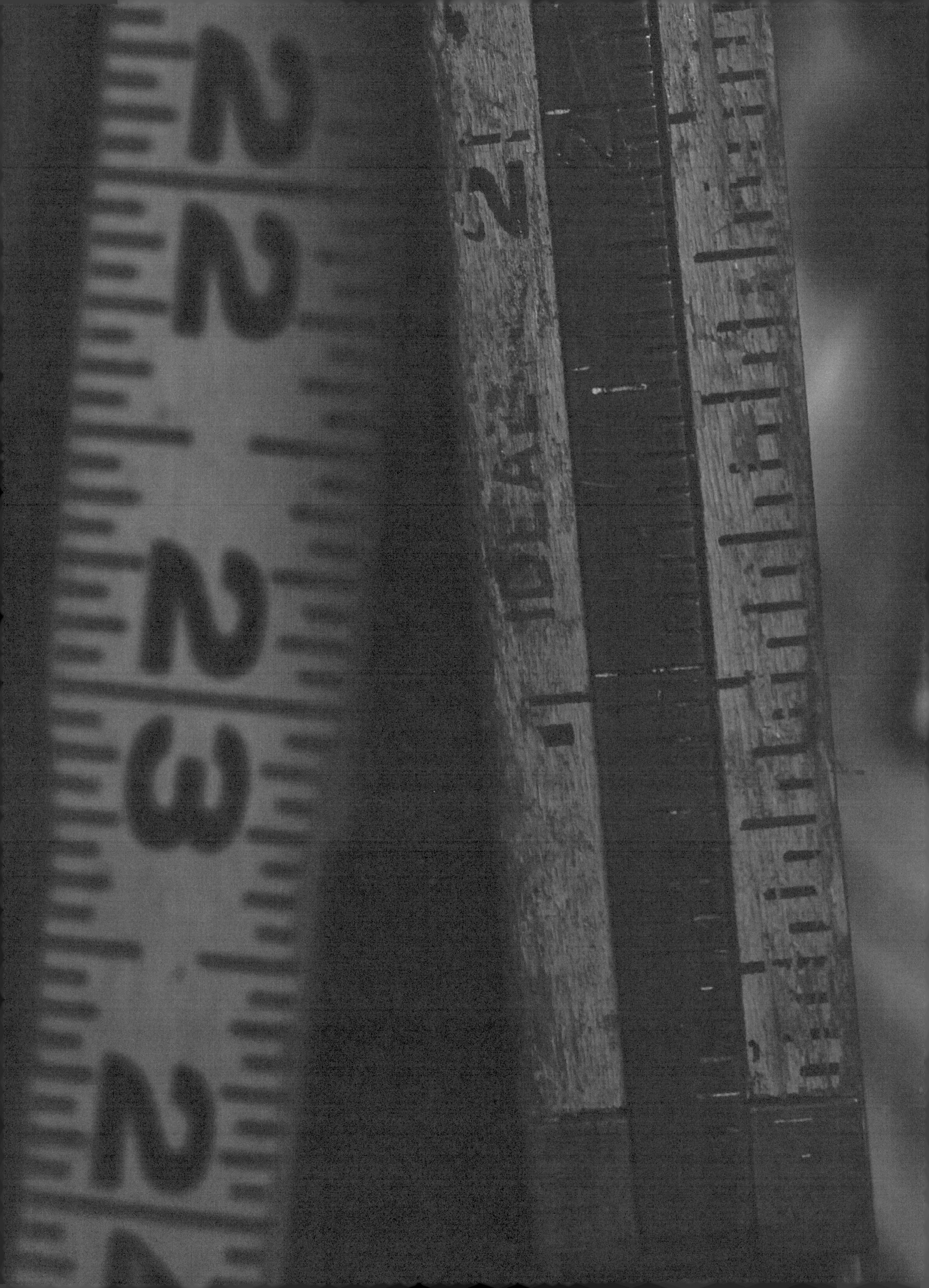

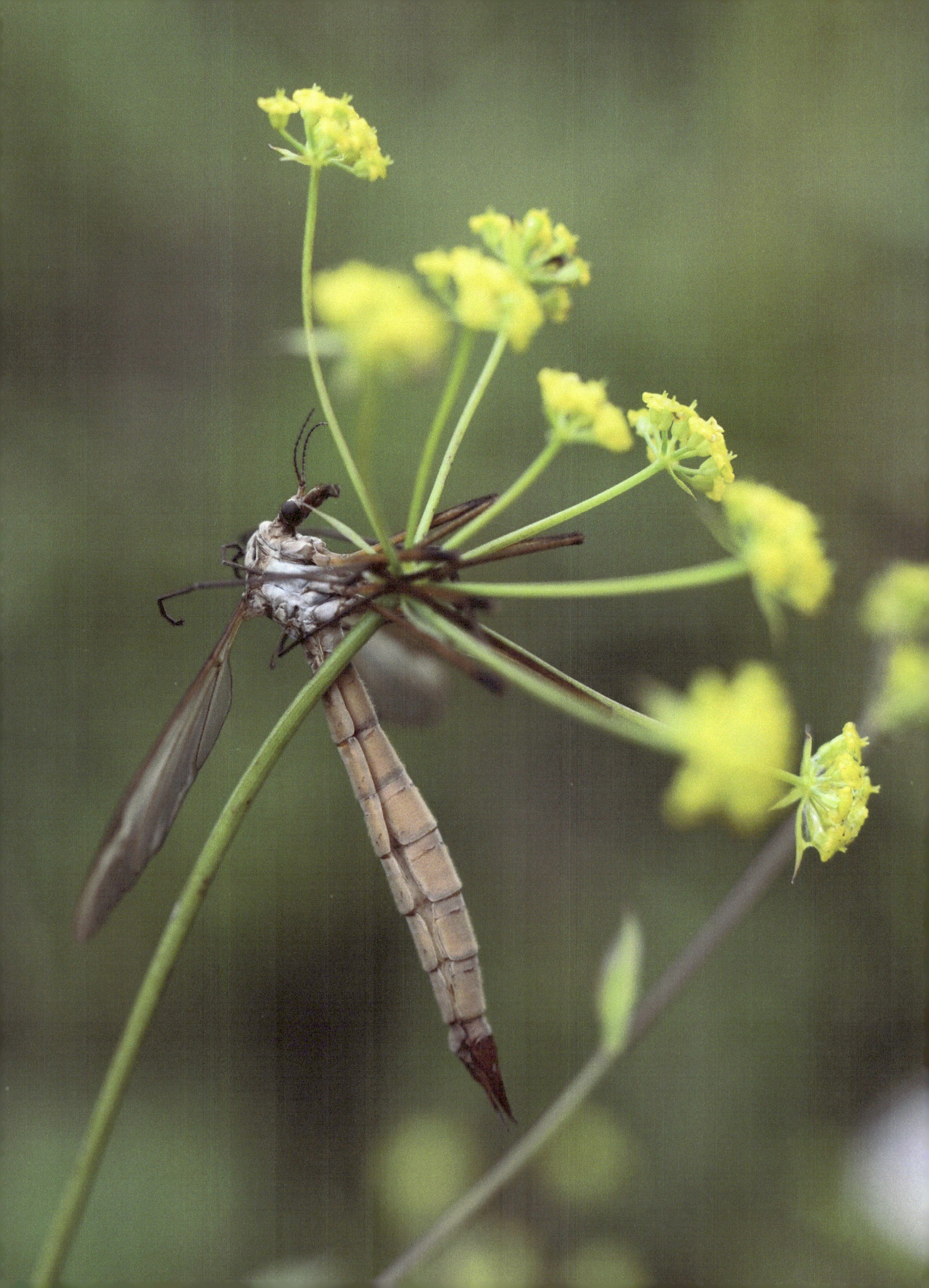

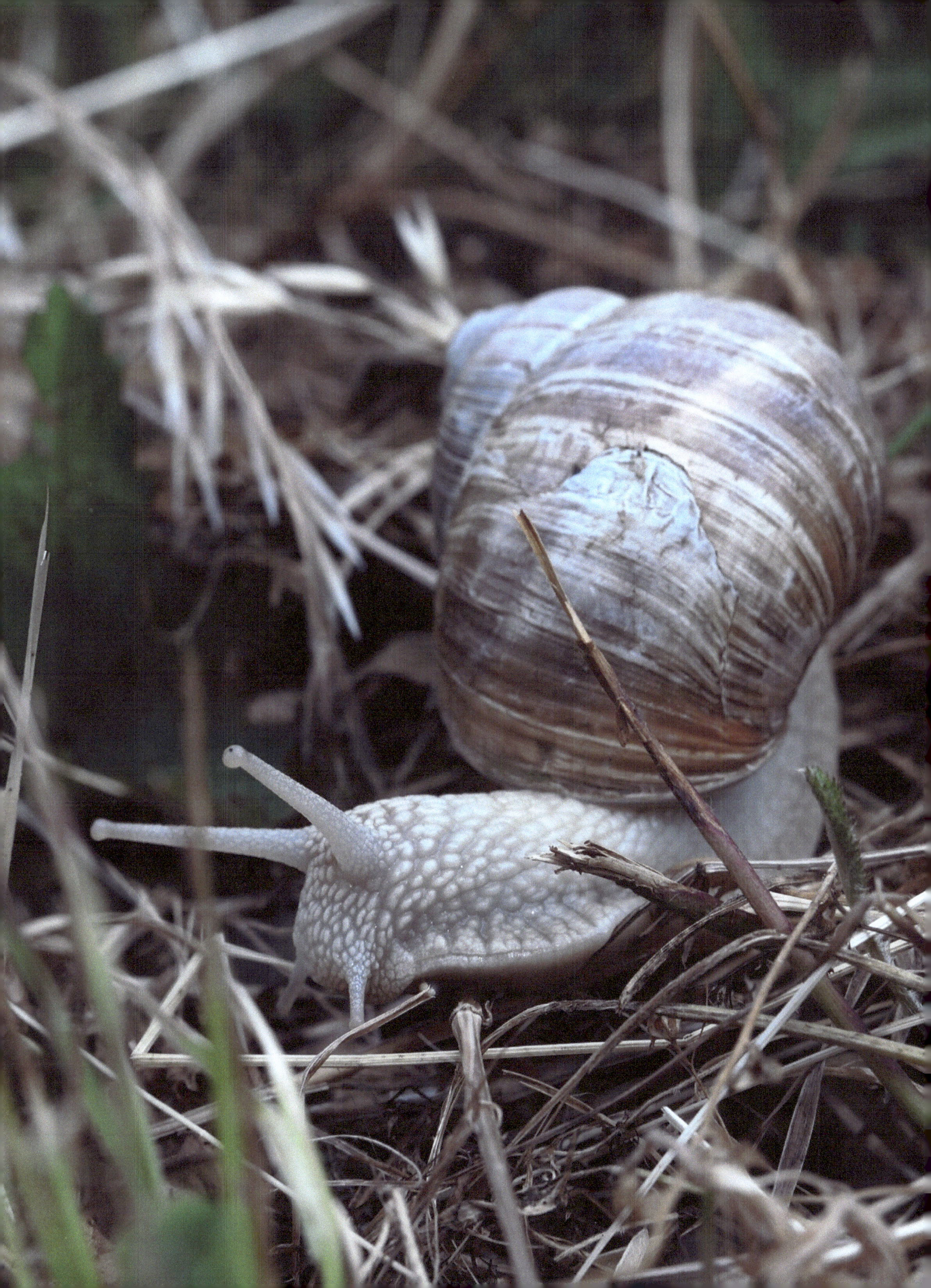

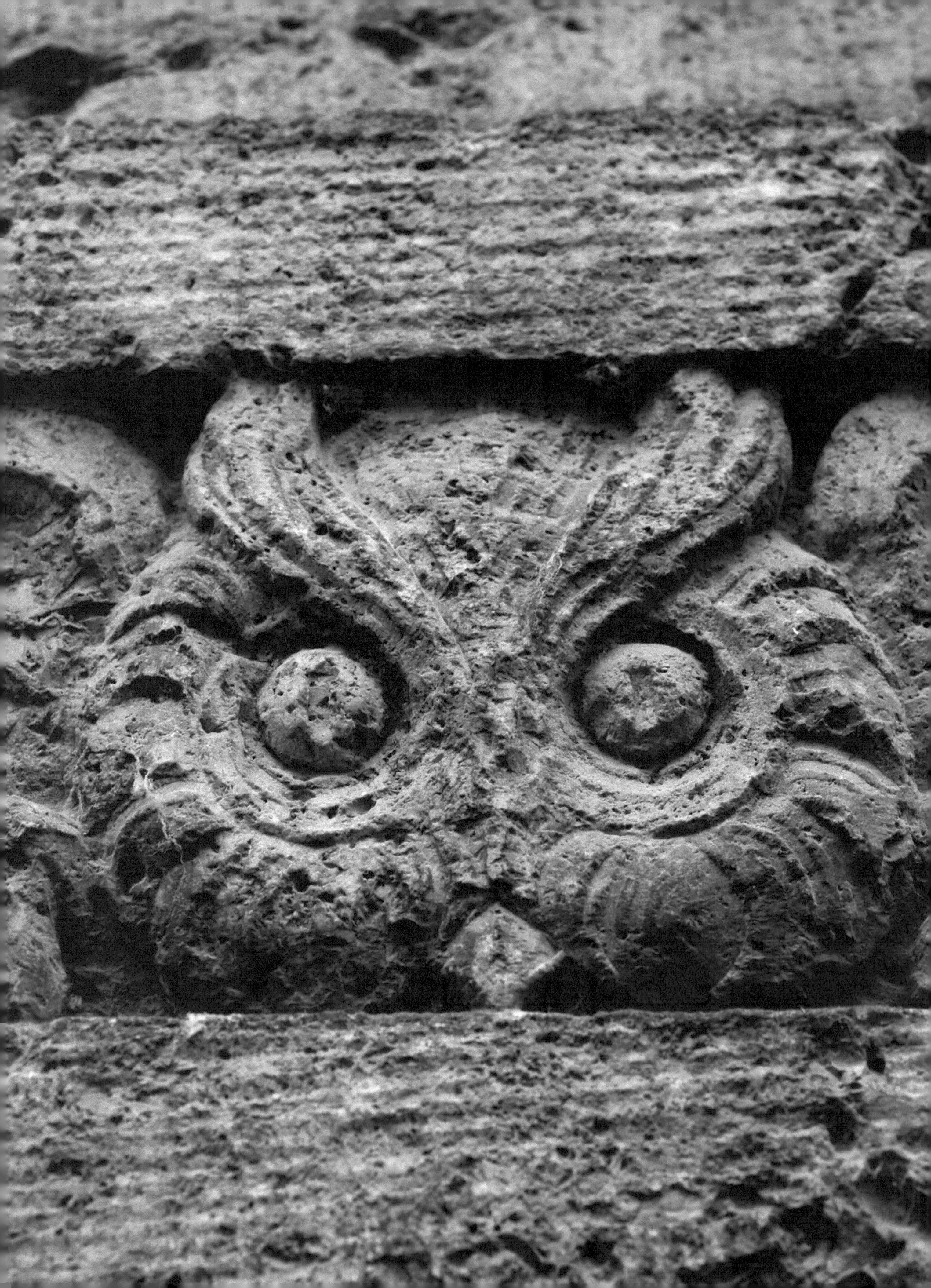

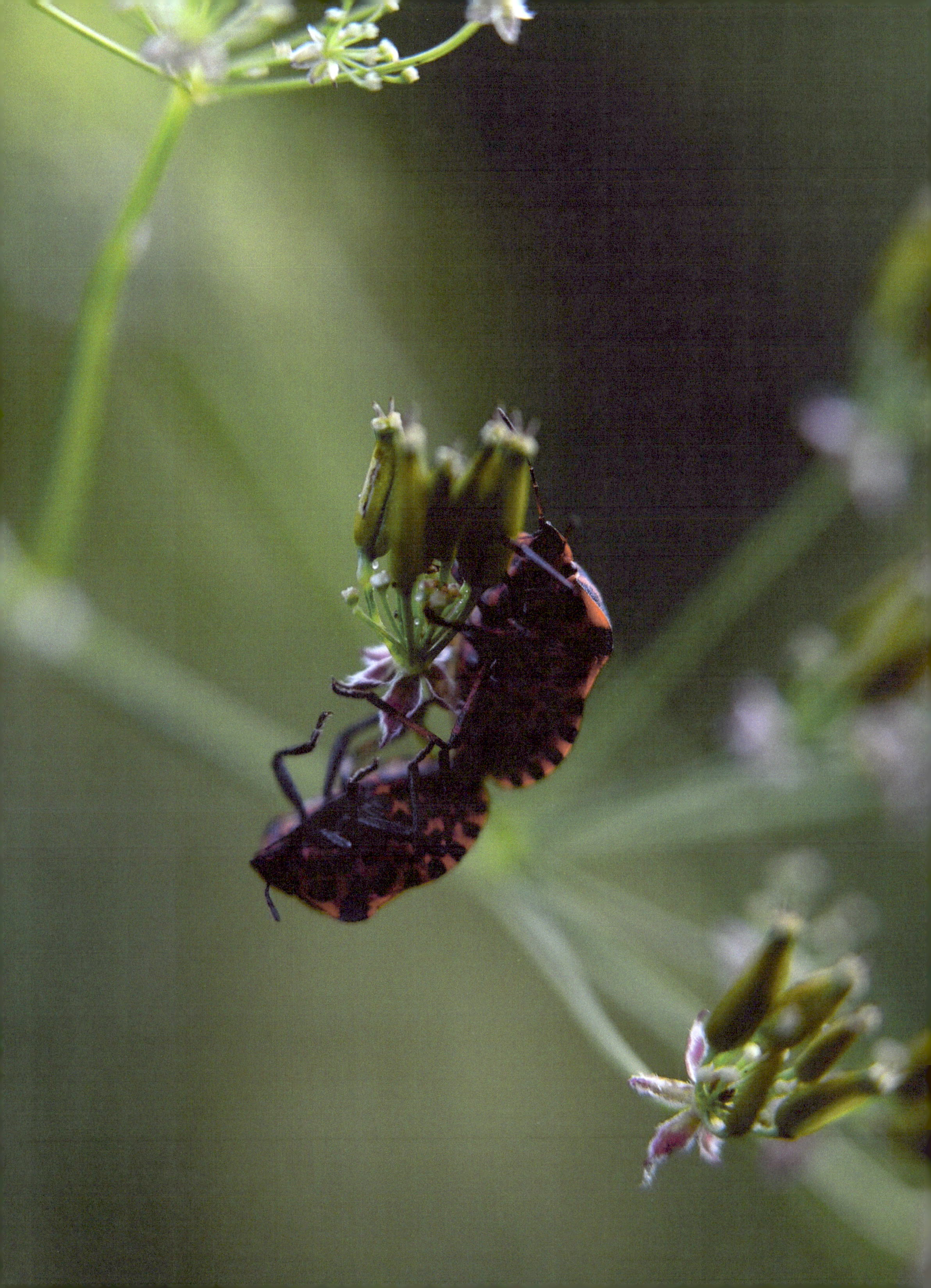

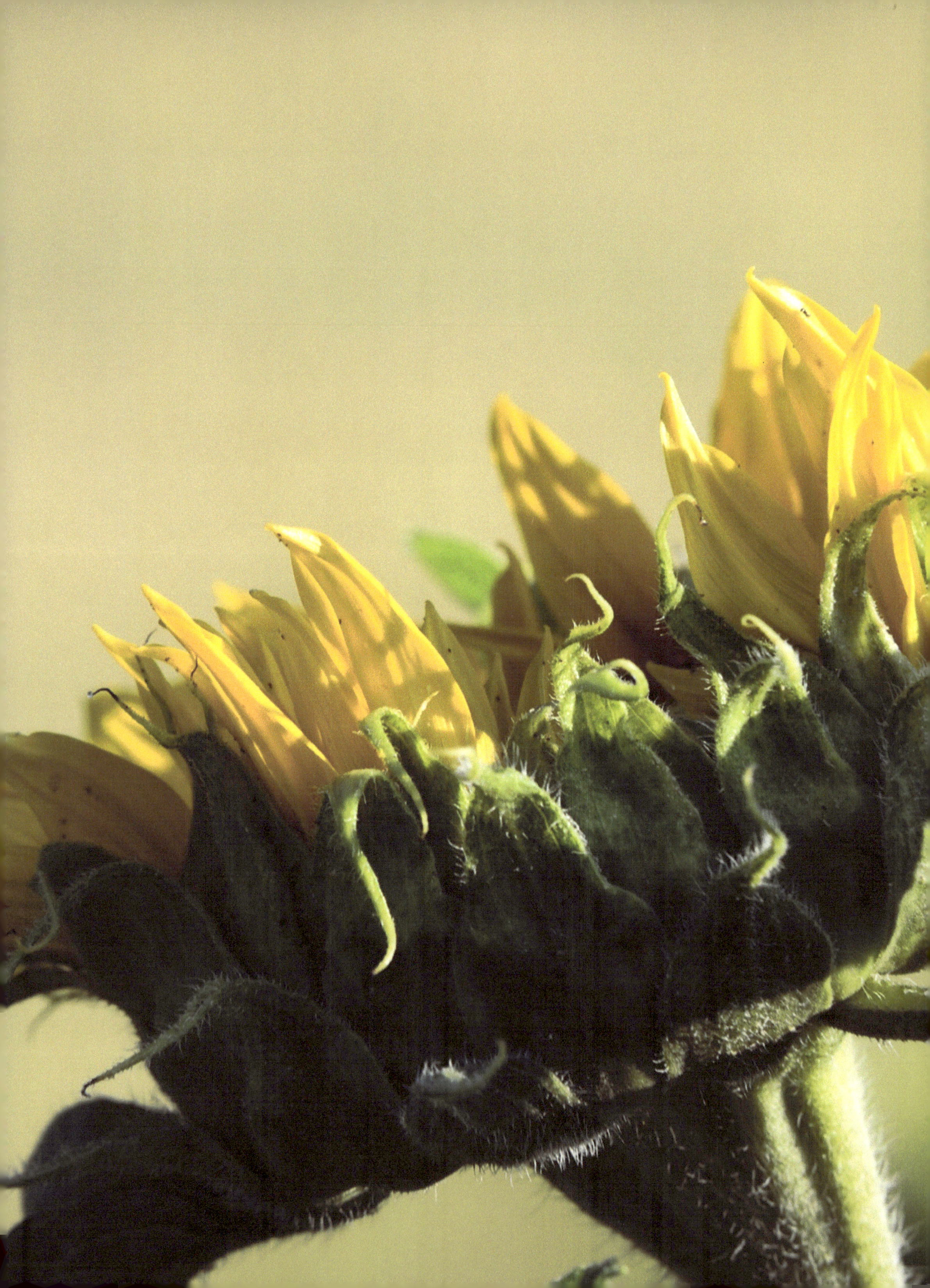

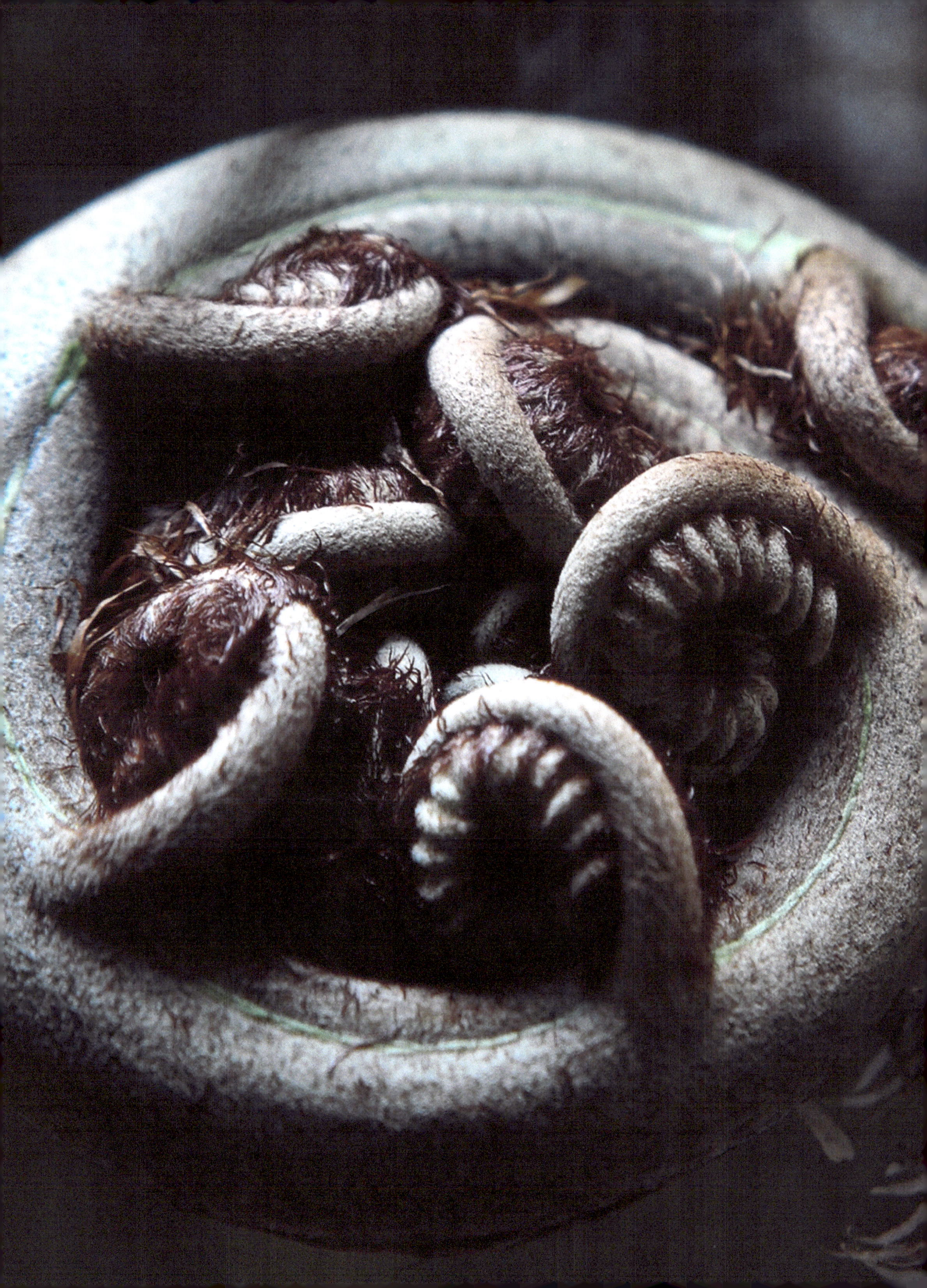

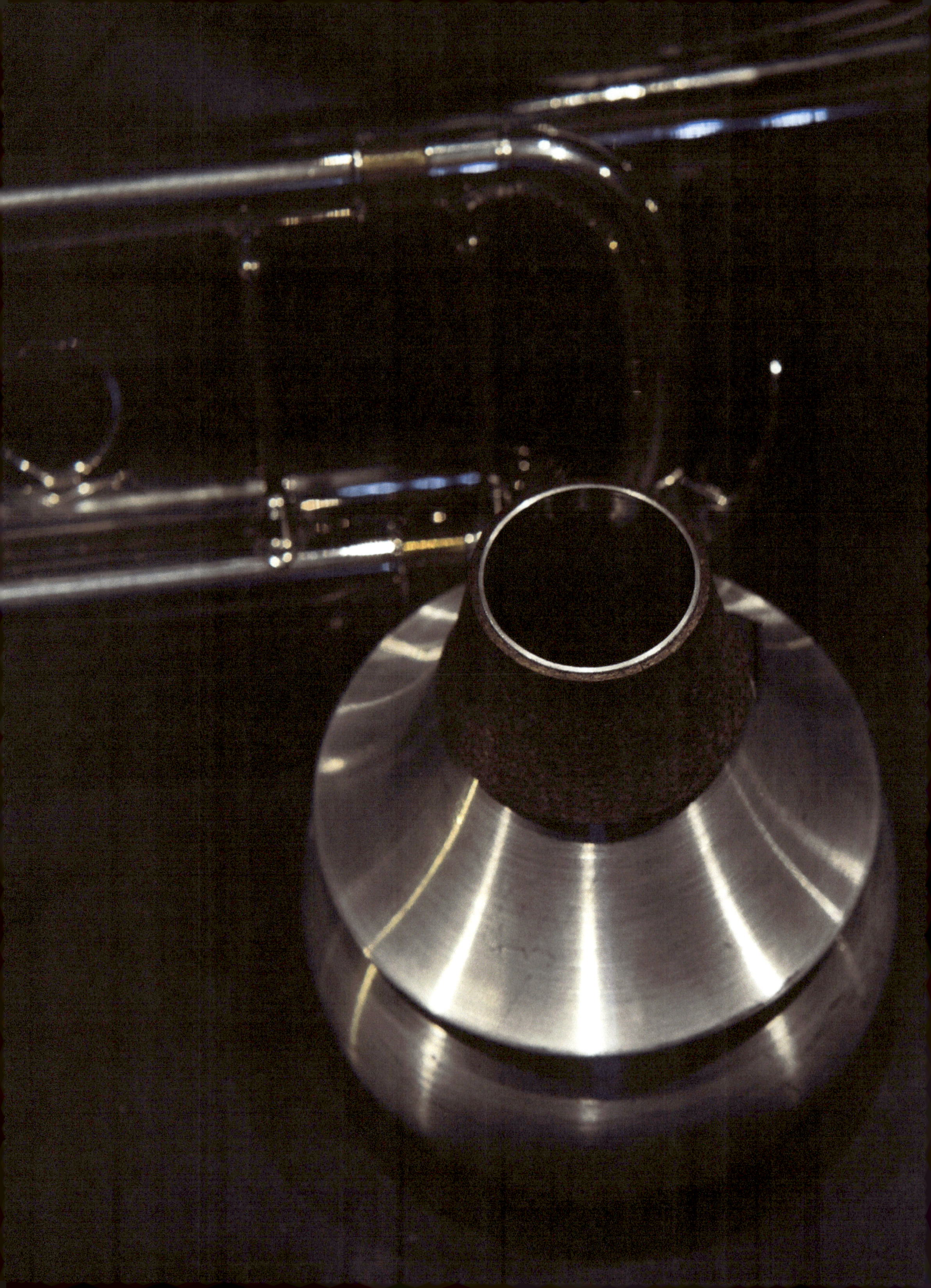

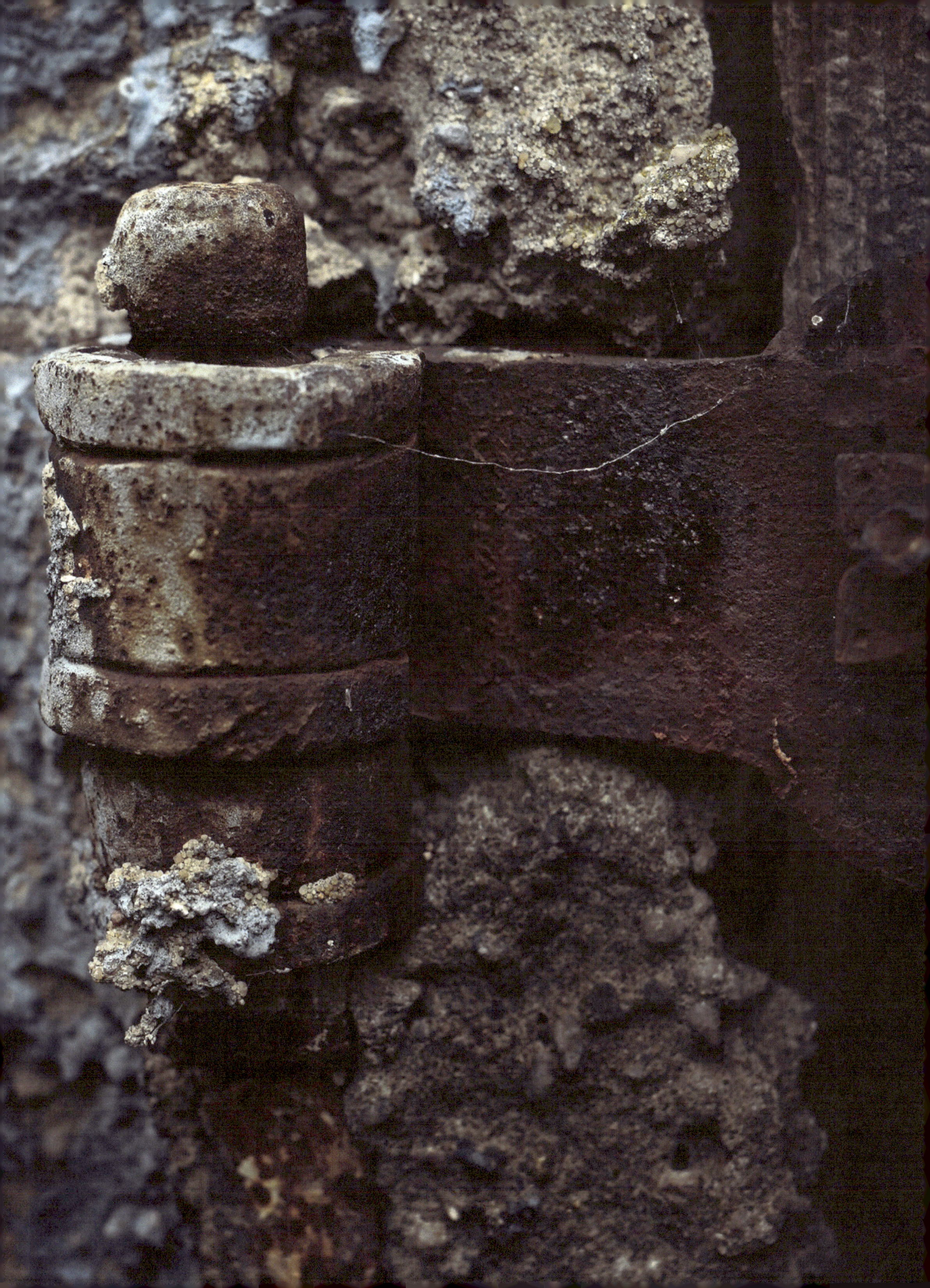

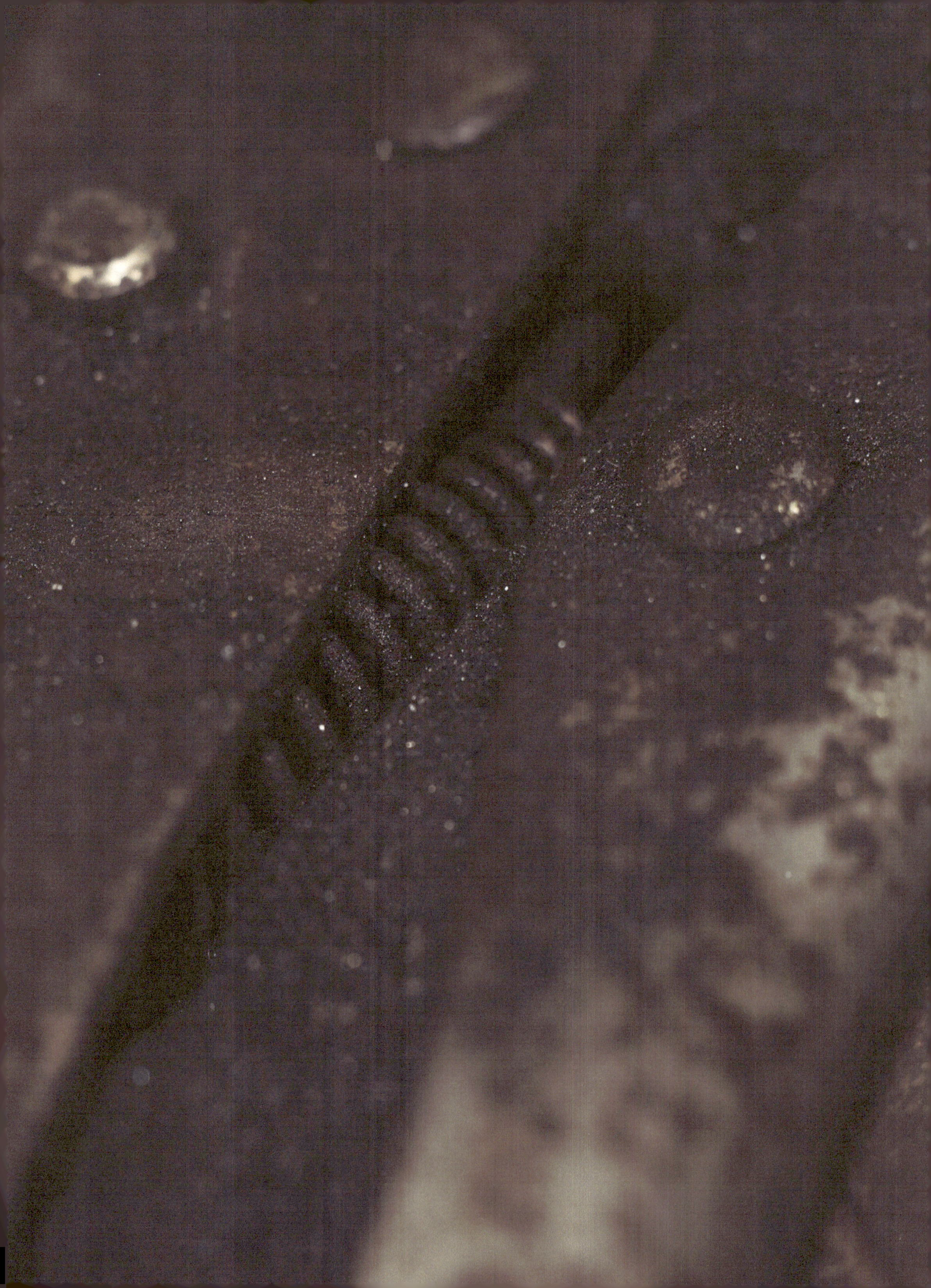

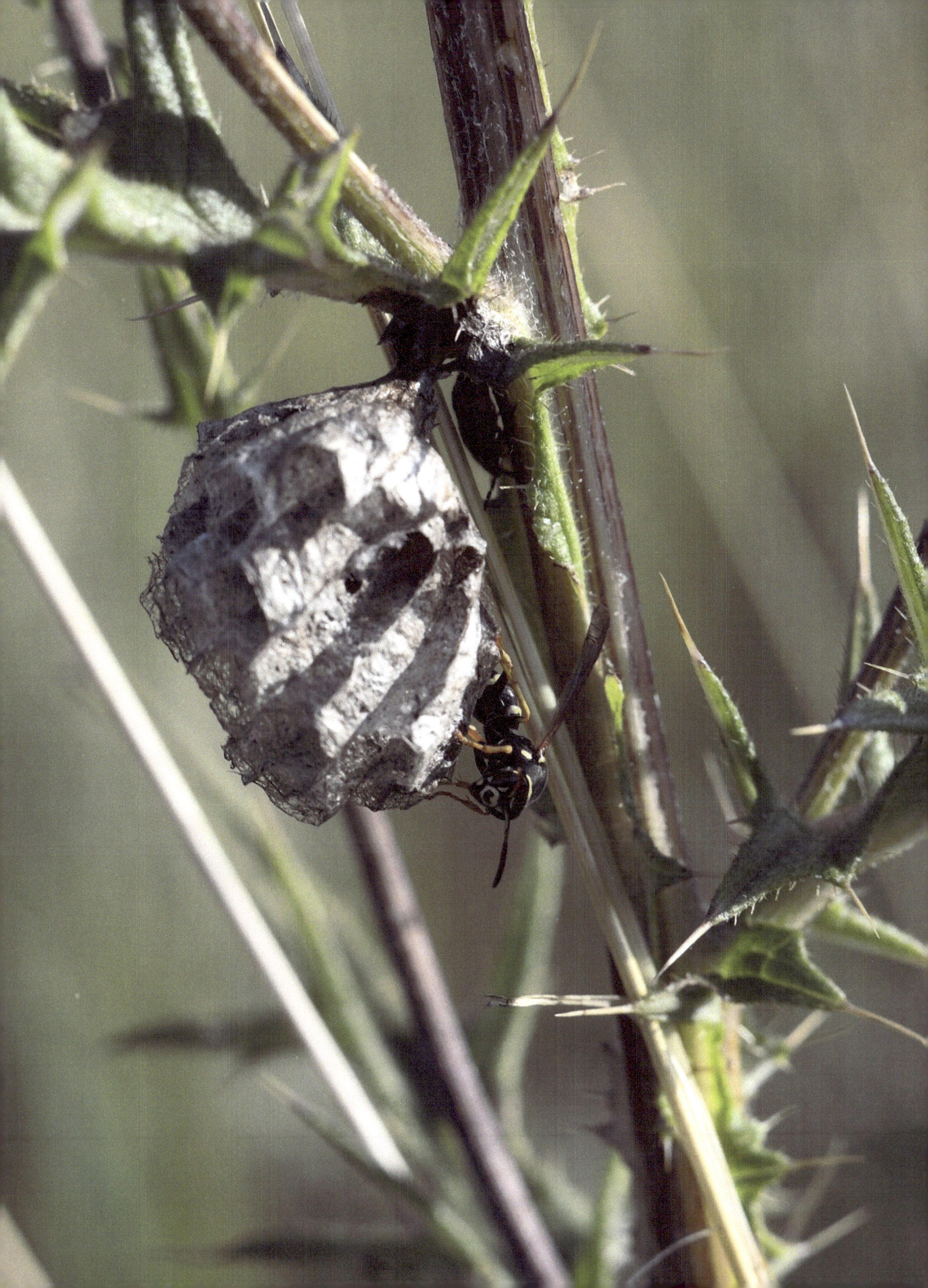

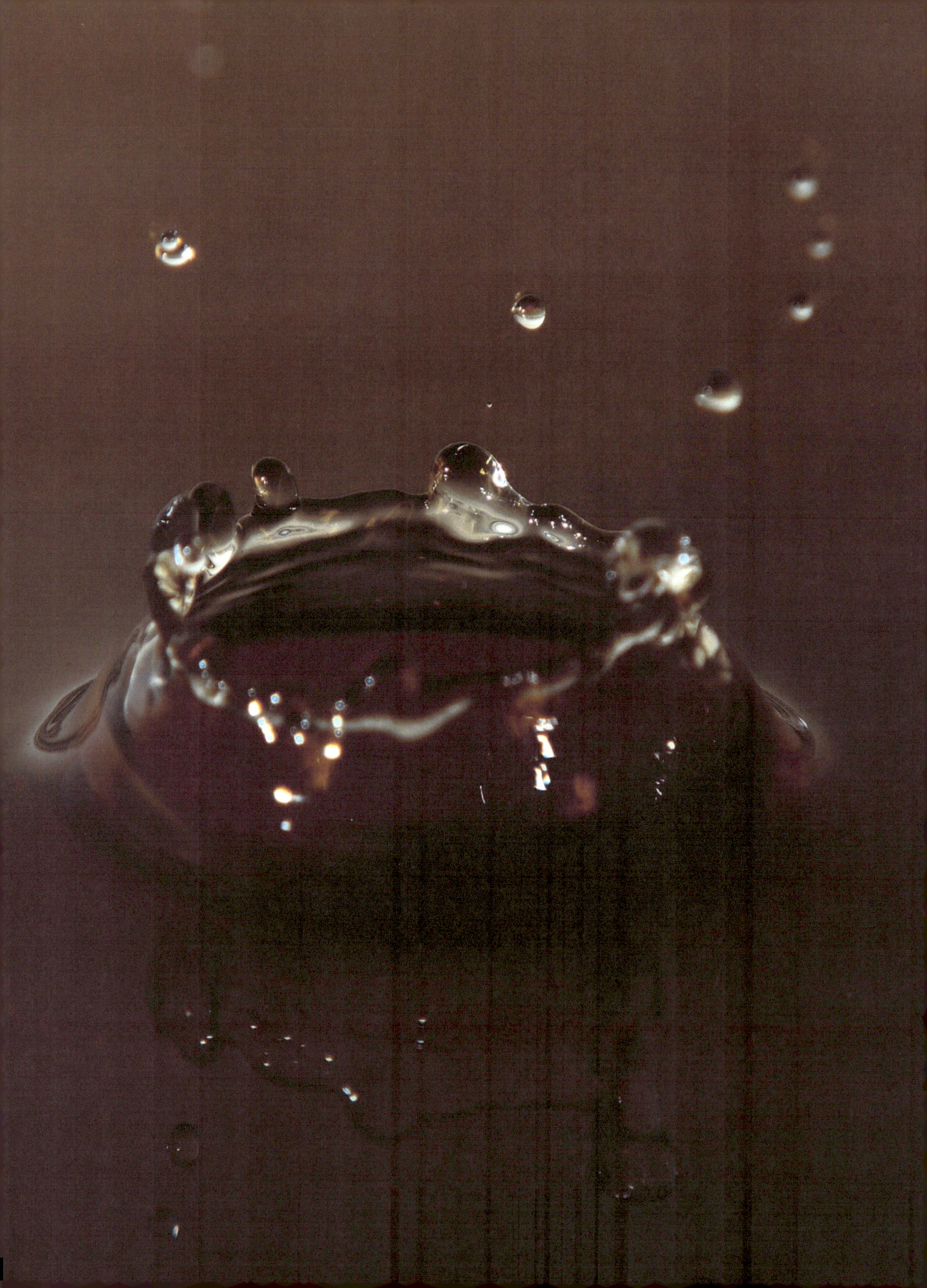

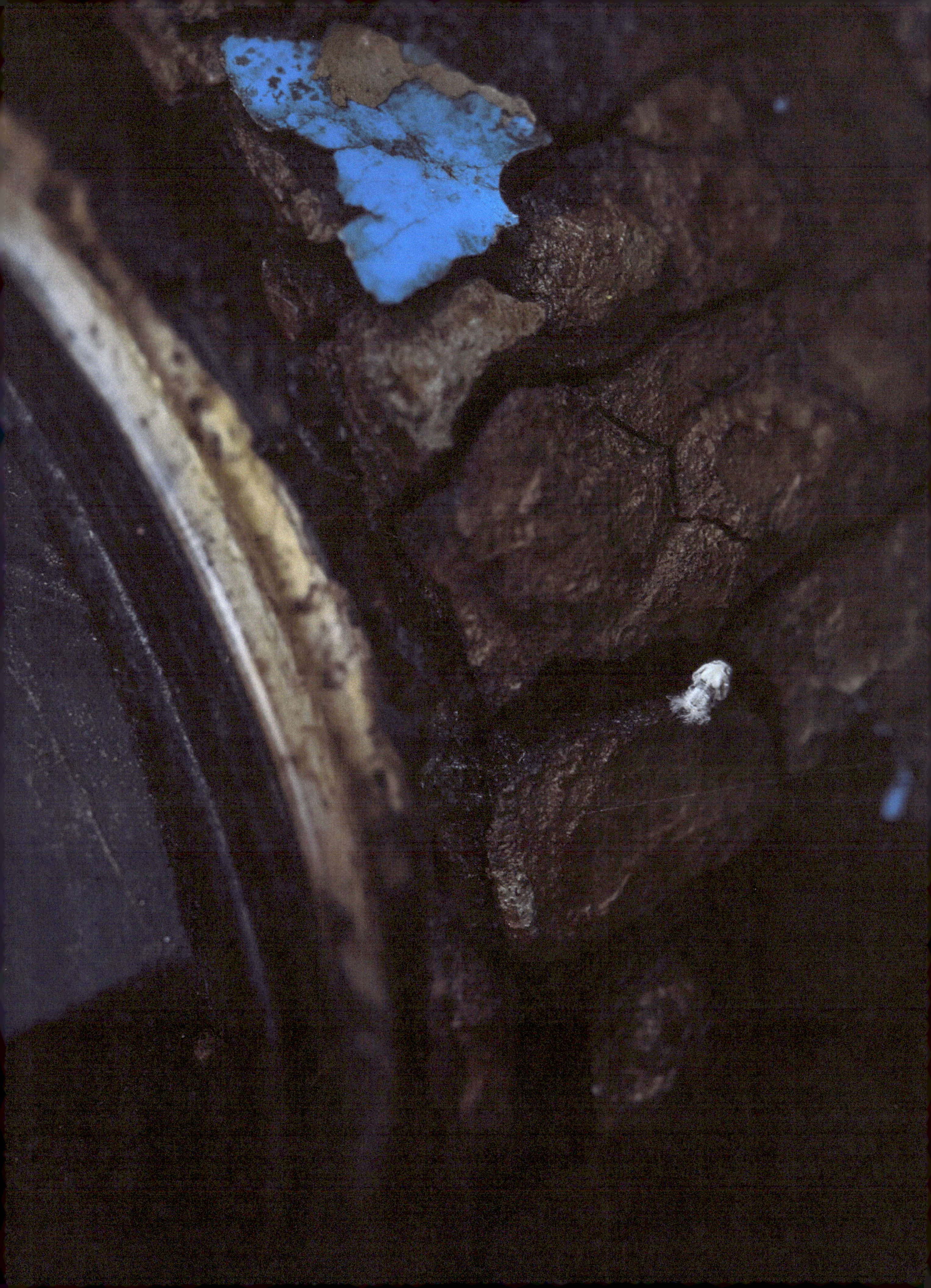

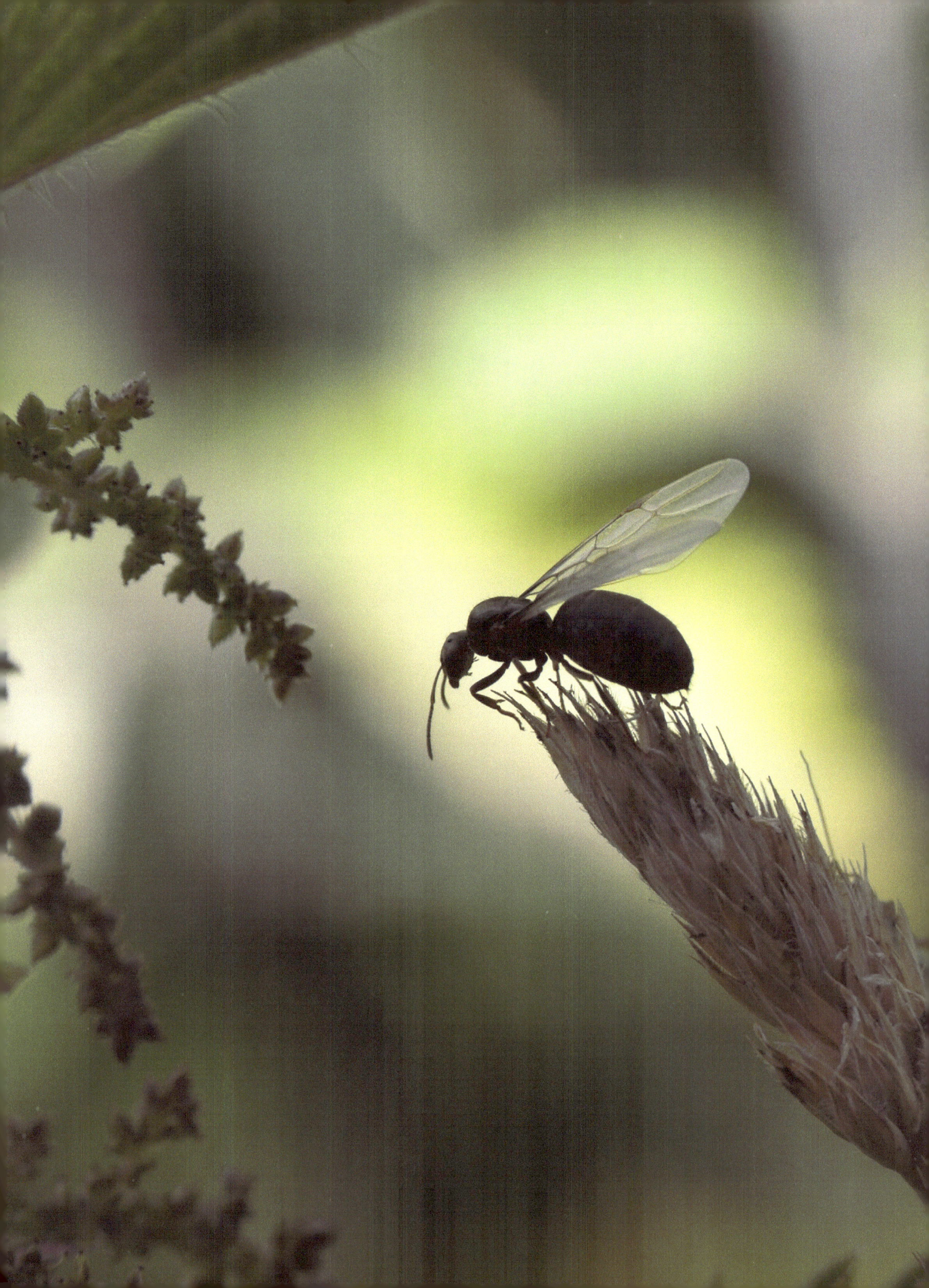

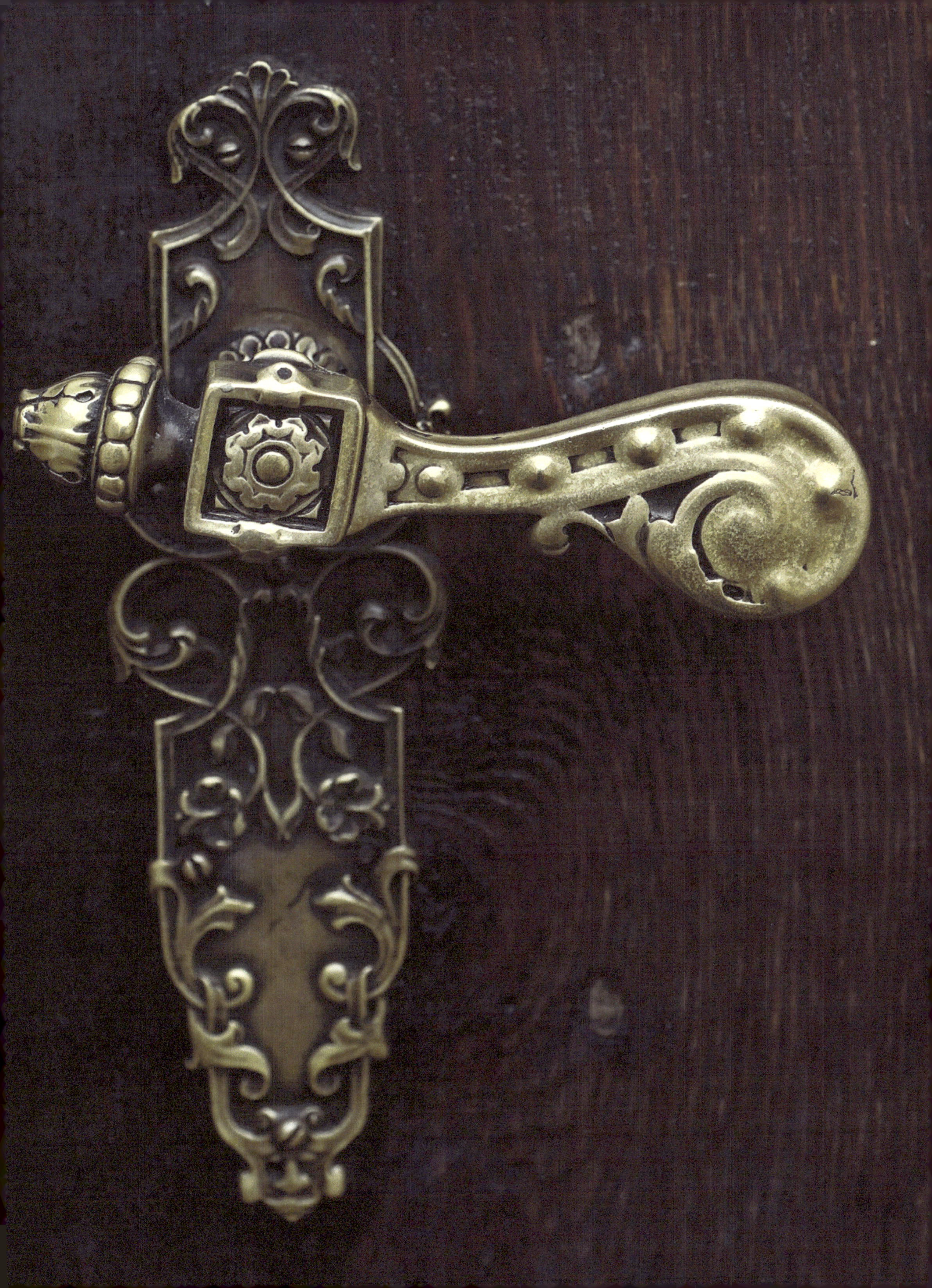

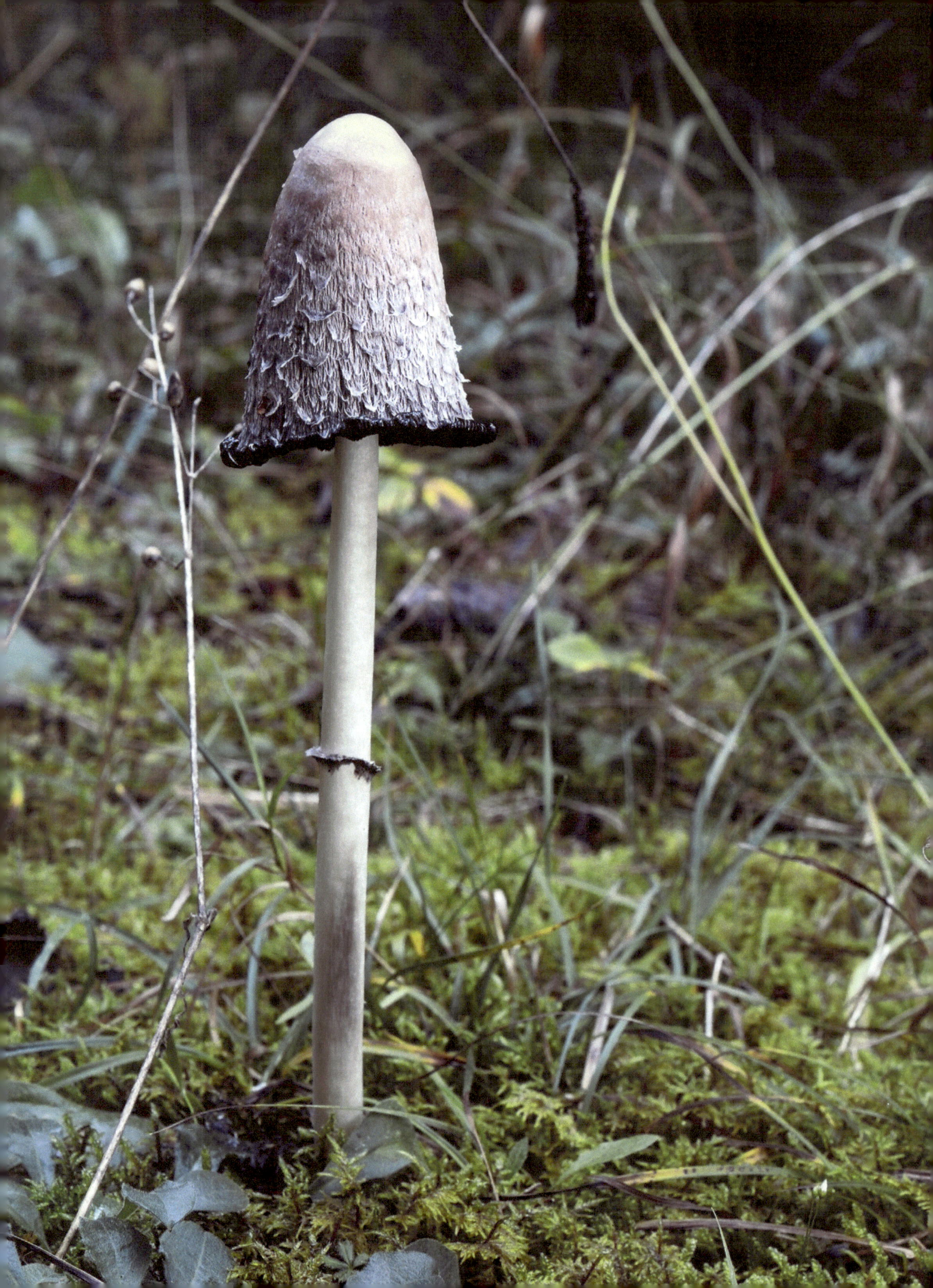

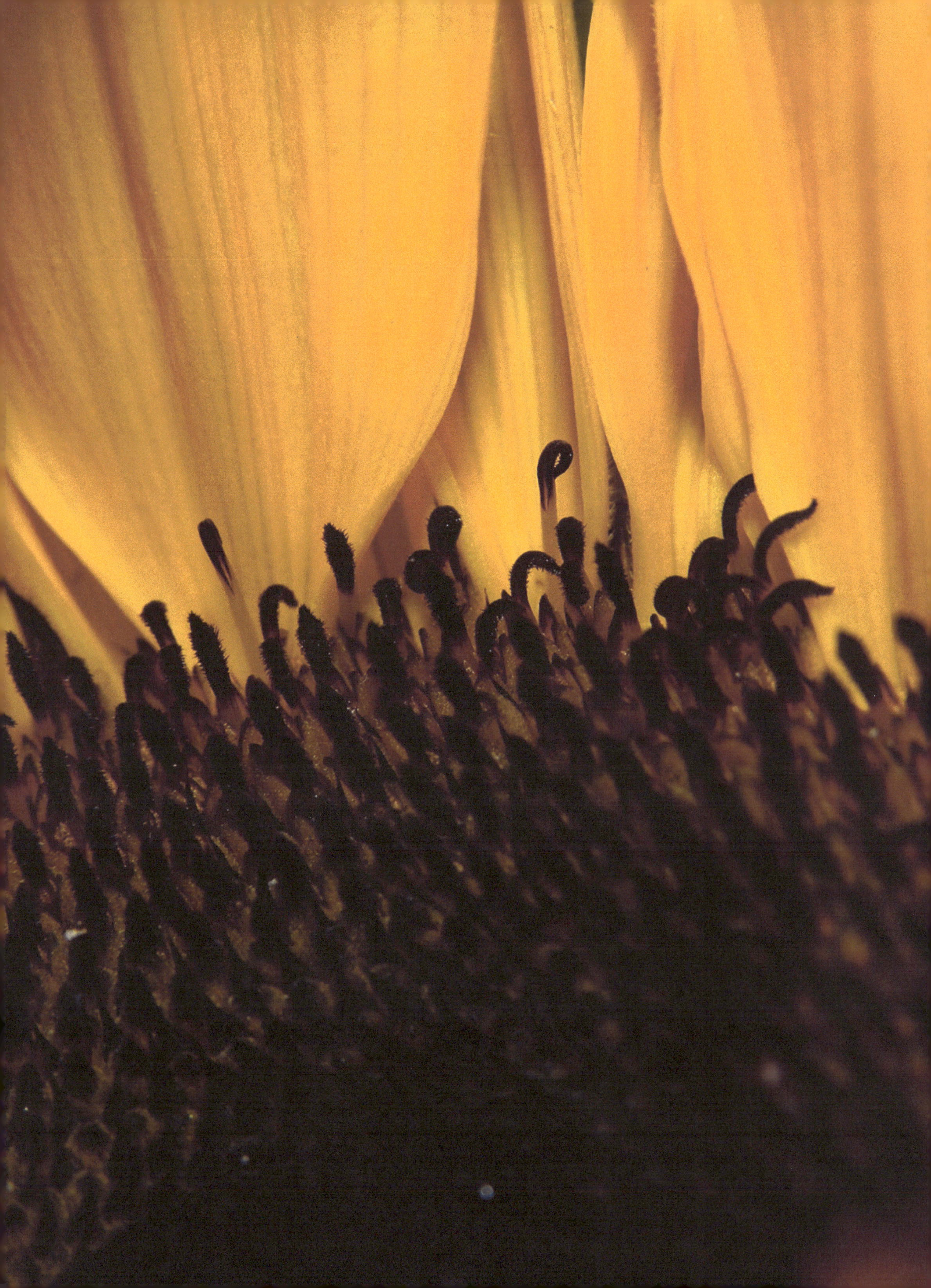

www.ingramcontent.com/pod-product-compliance
Lightning Source LLC
Chambersburg PA
CBHW041459280526
45792CB00004B/1068
9781533303721